ORACIÓN
DE GUERRA

H ace cinco años no habría podido escribir este libro. Sin embargo, en 1990 poco más o menos, sonó lo que parecía ser una alarma divina convocando a la Iglesia en todo el mundo a una batalla espiritual de proporciones, intensidad y seriedad hasta entonces desconocidas. En ese tiempo, Dios me puso en la más rápida curva de aprendizaje que he experimentado en mis treinta y cinco años de ministerio. En el presente libro me siento constreñido a compartir lo que estoy aprendiendo.

Creo que por medio de este volumen Dios puede cambiarlos a usted y a su iglesia, poniéndoles en la vanguardia de la mayor ofensiva de evangelización mundial que haya habido en los dos mil años de historia del cristianismo.

C. Peter Wagner

SERIE GUERRERO EN ORACIÓN

ORACIÓN DE GUERRA

Comó buscar el poder y la protección de Dios en la batalla para construir su reino

C. PETER WAGNER

GRUPO NELSON
Una división de Thomas Nelson Publishers
Desde 1798

NASHVILLE   DALLAS   MÉXICO DF.   RÍO DE JANEIRO

© 2011 por Grupo Nelson®
© 1993 por Editorial Caribe
Publicado en Nashville, Tennessee, Estados Unidos de América. Grupo Nelson, Inc. es una subsidiaria que pertenece completamente a Thomas Nelson, Inc. Grupo Nelson es una marca registrada de Thomas Nelson, Inc.
www.gruponelson.com

Título en inglés: *Warfare Prayer*
© 1992 por C. Peter Wagner
Publicado por Regal Books

Traducción: *Juan Sánchez Araujo*

ISBN: 978-1-60255-620-1

Dedicado con cariño a la familia Potter
Karen y Curt
Christopher, Phillip y Jennifer

CONTENIDO

ORACIÓN DE GUERRA

INTRODUCCIÓN

Desde hace varios años, una ola de interés en lo sobrenatural y en las posturas cristianas respecto de la guerra espiritual se ha extendido por toda la cristiandad. Libros de autores como Frank Peretti han estimulado a ciertos públicos, mientras que otros escritores como Walter Wink han hecho lo propio con otras clases de auditorios. *Breaktroughs* [Ataques de Ruptura] dirigidos por Larry Lea, y las conferencias sobre guerra espiritual de John Wimber, han atraído a millares de personas. Algunos seminarios teológicos están introduciendo en su curriculum cursos acerca de la espiritualidad y el combate espiritual, la sanidad y la liberación. En mi libro *Wrestling with Dark Angels* [Lucha con los ángeles de las tinieblas, Regal Books] aparece una lista parcial de dichos cursos.

En mi caso, empecé a sintonizar con este nuevo
énfasis allá por el año 1980, cuando comenzaba mi
investigación en las dimensiones espirituales del crecimiento de la iglesia. Pasé varios años examinando la
influencia de las señales y los prodigios espirituales en
el crecimiento de ciertas iglesias y recopilé mis hallazgos en el libro *How to Have a Healing Ministry* [Cómo
tener un ministerio de sanidad] (Regal Books). Luego,
en 1987, comencé a estudiar la oración.

Después de pasar un tiempo considerable creando
mi propia biblioteca y reuniendo algunas bibliografías
sobre la oración, descubrí tres áreas de ese campo que
me parecieron importantes y que no reciben la debida
cobertura de la investigación, la literatura y la enseñanza. Son las siguientes: (1) intercesión a nivel estratégico, (2) intercesión por los dirigentes cristianos, y (3) la
relación que existe entre la oración y el crecimiento de
la iglesia local. Durante varios años voy a concentrarme en estas tres áreas.

Como una de las consecuencias de mi estudio ha
surgido el proyecto de escribir una trilogía sobre la
oración, en la que cada libro se ocupará de uno de los
tres temas mencionados. Este es el primero de dichos
libros y trata de la guerra espiritual en un nivel estratégico, así como de la oración de guerra necesaria para
tomar parte en ella.

Se están publicando muchos libros nuevos acerca de
la guerra espiritual, pero hasta ahora ninguno de ellos
ha intentado hacer un estudio de ese campo ni investigar extensamente las opiniones de los teólogos, eruditos bíblicos, escritores actuales y profesionales. Un
vistazo a las notas y al índice de este libro mostrará la
variedad de autoridades a quienes he consultado.
Estoy agradecido a todos ellos pues yo no hubiera

podido escribir un libro muy sustancioso basándome sólo en mis propios conocimientos y experiencia. Sobre algunos temas que se tratan con cierta profundidad en este libro no se ha publicado nada todavía. He incluido más textos bíblicos aquí de los que he encontrado en ningún otro libro, en parte porque muchos ponen en tela de juicio qué haya respaldo bíblico alguno para la guerra espiritual en un nivel estratégico. Los conceptos de territorialidad espiritual y los nombres de potestades han recibido mucha atención en este libro. La santidad se menciona a menudo en las otras obras, pero rara vez es analizada con la profundidad que creo se necesita para una oración de guerra eficaz. Muchos otros asuntos de los que trato han sido también mencionados por otros autores, pero cada uno aportamos una percepción particular que aumenta nuestro conocimiento colectivo.

Después de todo esto tal vez piense que tiene en sus manos un tratado erudito. Espero que el libro posea la integridad de los eruditos, pero cada capítulo está lleno de historias y anécdotas frescas de los Estados Unidos y otras partes del mundo, especialmente de Argentina. Yo soy un teórico, pero de los que sienten inclinación hacia las teorías que funcionan. Mi laboratorio principal para comprobar estas teorías ha sido la Argentina, de modo que va usted a leer sobre muchos incidentes ocurridos allí. Algunos de ellos son serios y trágicos, como la muerte de una bruja. Otros graciosos, como el episodio de «El demonio de las llaves».

Mi percepción del potencial que tiene la guerra espiritual en un nivel estratégico para la eficacia del evangelismo fue despertada por el pastor Omar Cabrera de Argentina. Su «Visión del Futuro» se cita entre las diez iglesias mayores del mundo.

Cuando le visité en 1985, Omar me contó su experiencia personal en cuanto a identificar y atar a los espíritus territoriales que controlaban las ciudades en las que estaba comenzando obra pionera. Tengo una gran deuda con él y con su esposa, Marfa, por la inspiración y el apoyo que me han dado en este proyecto.

Me he sentido fascinado al leer una carta reciente de Bernie May, director de los Traductores Wycliffe de la Biblia. Me picó el interés, en parte, porque hasta la fecha Wycliffe como organización no ha enfatizado especialmente la guerra espiritual a nivel estratégico —aunque muchos de sus misioneros traductores y de su personal administrativo se han visto envueltos en ella de cuando en cuando—. Pero la carta procede de la dirección de la misión.

Bernie May cuenta de un traductor veterano que visitó su oficina y que, entre otras cosas, le dijo: «Tengo dos objetivos para este tiempo en que estoy en casa. El primero es que necesito aprender cuanto pueda sobre la guerra espiritual. Nuestra lucha fuera no es contra el clima, la malaria o las religiones falsas, sino contra los principados, las potestades, los gobernadores de las tinieblas de este siglo, las huestes espirituales de maldad en las regiones celestes de Efesios 6.12».

Y continuó diciendo el misionero: «El segundo, es buscar más personas que nos apoyen en oración. Ya que la única forma en que podremos romper la oscuridad espiritual en aquella tierra es mediante la oración. Necesito intercesores que estén a mi lado».

Huelga decir que me emocionó que las dos prioridades más altas en la agenda de este misionero fueran los temas de los dos primeros libros de la trilogía que estoy escribiendo. Pero todavía me entusiasmó más el que Bernie May mismo escribiera: «Como mi amigo de Asia, yo también necesito conocer acerca de la guerra espiritual y tener gente que me apoye en oración».

Estoy seguro de que esto es lo que el Espíritu está diciendo, no sólo a los Traductores Wycliffe de la Biblia, sino también a las iglesias en cada nación del mundo. Mi oración es que aquellos que están oyendo lo que el Espíritu dice, encuentren en este libro un instrumento en las manos de Dios para ayudarlos a acercarse a El y abrirse de una manera nueva a la oración de guerra poderosa.

C. Peter Wagner
Seminario Teológico Fuller
Pasadena, California
Estados Unidos

En el frente

A rgentina es un buen escenario para empezar a explicar lo que es la guerra espiritual.

Como escribiera anteriormente, Considero tres naciones de mucha importancia para mí.

- Aquellas que están experimentando en este momento el mayor derramamiento del poder del Espíritu de Dios: China y Argentina.
- Las prioritarias en mi agenda de ministerio personal: Japón y Argentina.
- Naciones del Tercer Mundo que están haciendo actualmente contribuciones específicas al cristianismo del Mundo Occidental: Corea en la oración y Argentina en la guerra espiritual.

Desde 1990, mi esposa Doris, y yo hemos

realizado muchos viajes de ministerio a Argentina para tener un testimonio de primera mano y participar en lo que equivale a un laboratorio sobre la relación entre la guerra espiritual a nivel estratégico y la evangelización. Para nosotros Argentina ha sido la vanguardia de un experimento altamente significativo que nos ha ayudado a aprender más acerca de las dimensiones espirituales de la evangelización mundial.

TRES NIVELES DE GUERRA ESPIRITUAL

Según veo desplegarse el cuadro mundial, el año 1990 marcó el comienzo de un ascenso rápido del interés a través de las líneas denominacionales, por la guerra espiritual, particularmente por lo que a mí me gusta llamar «guerra espiritual estratégica».

Una vez dicho y hecho todo, hay probablemente muchísimos grados discernibles de guerra espiritual. En este momento, sugiero tres niveles generalizados sobre los cuales existe un consenso bastante amplio entre los líderes cristianos que se especializan en esta clase de ministerio. Comprendo que cada uno de dichos niveles es susceptible de varias subdivisiones, y que se solapan entre sí considerablemente por las líneas más bien delgadas que los separan. Sin embargo, me ha sido de ayuda distinguir los siguientes:

1. Guerra espiritual al ras del suelo

Se trata del ministerio de echar fuera demonios. La primera vez que Jesús envió a sus 12 discípulos, «les dio autoridad sobre los espíritus inmundos, para que los echasen fuera» (Mateo 10.1). Cuando los setenta a quienes el Señor mandó en Lucas 10, volvieron de su misión, le dijeron con gran gozo: «Señor, aun los demonios se nos sujetan en tu nombre» (Lucas 10.7). Cuando Felipe evangelizó Samaria «de muchos que tenían espíritus inmundos, salían éstos dando grandes voces» (Hechos 8.7). Todos estos son casos de guerra espiritual al ras del suelo.

Esta clase de guerra espiritual es la variedad más corriente que encontramos en el Nuevo testamento y la más comúnmente practicada por los cristianos en el día de hoy. Los grupos e individuos comprometidos en «ministerios de liberación» en general están librando una guerra espiritual al ras del suelo. En tiempos modernos hemos visto bastante de esto en los Estados Unidos, particularmente entre los pentecostales y carismáticos, y misioneros de todas las filiaciones han vuelto de los campos de misión con relatos referentes a ello. En ciertas partes del mundo, como la India, la mayoría de los convertidos en algunas iglesias de pueblo han sido liberados de malos espíritus. A lo largo y ancho de países como China, Nepal o Mozambique, el evangelismo eficaz es casi inconcebible sin que vaya acompañado de un ministerio de liberación.

La mayoría de los libros acerca de la guerra espiritual que hay en las librerías cristianas tratan de la guerra al ras del suelo. Y aunque sean relativamente nuevos para algunos de nosotros, los ministerios de liberación llevan ya tiempo a nuestro alrededor y un buen número de líderes cristianos, aunque en mi opinión no los suficientes, han adquirido considerable experiencia en este campo.

2. *Guerra espiritual en el nivel del ocultismo*

Parece evidente que hay un cierto tipo de poder demoniaco que obra a través de los chamanes, los canalizadores de la Nueva Era, los curanderos, las brujas y los magos, los sacerdotes satanistas, los llamados adivinadores, etc. Dicho poder es substancialmente distinto de los demonios ordinarios que pueden causar dolores de cabeza, disputas matrimoniales, ebriedad o escoliosis.

Cuando el apóstol Pablo estaba en Filipos, una adivinadora le importunó durante varios días hasta que por fin echó fuera de ella al espíritu. Aparentemente esto era algo diferente de los demonios corrientes, ya que aquello causó tal conmoción política que los misioneros fueron encarcelados (véase Hechos. 16.16-24).

No hace muchos años, los cristianos de los Estados unidos eran bastante ignorantes acerca de esta actividad espiritual en el nivel del ocultismo. Algunos ni siquiera parecían prestar mucha atención al hecho de que Nancy y Ronald Reagan utilizasen en Washington a un astrólogo como consultor para la toma de decisiones a nivel presidencial. Y la incidencia de que el gobernador Michael Dukakis hubiera nombrado a una mujer como «bruja oficial del estado de Massachusetts» puede *no* haber sido una de las principales razones por las cuales los evangélicos no votaron por él para presidente. Pocos en esa época tenían mucha información acerca de la guerra espiritual en el nivel del ocultismo.

Sin embargo las cosas están cambiando. Resulta asombroso saber que el número de brujas inscritas en Alemania excede al de clérigos cristianos. Un misionero en Francia cuenta que más franceses enfermos consultan a médicos brujos que a los especialistas en medicina. No es fácil tener datos concluyentes, pero con toda probabilidad el movimiento religioso que más está creciendo en América es la Nueva Era.

En un sentido real Jesús vino a destruir las obras del diablo. Esto fue solo una manera para lograr la meta final que era buscar y salvar lo que se había perdido.

Libros excelentes sobre el tema, como *Understanding the New Age*, [Entendiendo la Nueva Era] de Russell Chandler (Word Inc.), *Supernatural Faith in the New Age*, [La fe sobrenatural en la Nueva Era] de Paul McGuire (Whitaker House) y *Evangelizing the New Age* [Evangelizando la Nueva Era] (Servant Publications), están elevando nuestro nivel de conciencia y preocupación acerca de la guerra espiritual en el nivel del ocultismo. La cubierta de *Christianity Today* correspondiente al 29 de abril de 1991 representa al poder demoníaco descendiendo a la tierra desde una luna llena, y el libro *The Satanic Revival*, [El renacimiento satánico] de Mark I. Bubeck (Here's Life Publishers), documenta gran parte de lo que está sucediendo en los Estados Unidos y ofrece sugerencias para la acción de los cristianos.

3. Guerra espiritual a nivel estratégico

En este nivel nos enfrentamos a una concentración todavía más siniestra de poder demoníaco: los espíritus territoriales. En la epístola a los Efesios, Pablo escribe: «Porque no tenemos lucha contra sangre y carne, sino contra principados, contra potestades, contra los gobernadores de las tinieblas de este siglo, contra huestes espirituales de maldad en las regiones celestes» (Efesios 6.12). Nada en este versículo indica que una o más de estas categorías encajen en la descripción de espíritus territoriales, pero muchos, incluyéndome a mí, piensan que tal cosa es muy probable.(Trataré el tema más adelante.)

Un relato bíblico claro de guerra espiritual a nivel estratégico lo tenemos en Apocalipsis 12, donde se nos dice: «Hubo una gran batalla en el cielo: Miguel y sus ángeles luchaban contra el dragón; y luchaban el dragón y sus ángeles» (v.7). Esto es algo bastante diferente a tratar con el ocultismo o echar fuera un demonio de lujuria.

Indudablemente el acontecimiento más influyente que ha estimulado el interés por la guerra espiritual ha sido las publicaciones de las dos novelas de Frank Peretti, *This Present Darkness* [Esta patente oscuridad] y *Piercing the darkness* [Penetrando la oscuridad, Crossway Books]. Muchos cristianos que no habían pensado apenas en la posibilidad de que los sucesos que moldean la sociedad humana pudieran guardar relación con las luchas entre poderosos seres espirituales, hablan ahora abiertamente de tal probabilidad. De hecho, aunque saben la diferencia, muchos leen *This Present Darkness* [Esta patente oscuridad] más como un documental que como un relato de ficción algo extravagante.

EL ENFOQUE DE ESTE LIBRO

Este libro trata de la guerra espiritual a nivel estratégico y del tipo de oración que se requiere para librarla, aunque no sea posible separar del todo ni con precisión dicha guerra de las otras dos clases antes mencionadas.

Como los lectores de *This Present Darkness* fácilmente comprenderán, que estos tres niveles están íntimamente relacionados entre sí y lo que sucede en uno de ellos puede afectar y afectará a lo que pase en los demás. Con toda probabilidad, yo mismo cruzaré de vez en cuando los límites que los separan, pero mi énfasis principal será en el nivel estratégico, o en lo que algunos llaman intercesión a nivel cósmico.

No creo que debiéramos considerar la guerra espiritual como un fin en sí mismo. En un sentido válido, Jesús vino para destruir las obras del diablo (véase 1 Juan 3.8), pero ese fue sólo un medio para buscar y salvar lo que se había perdido (véase Lucas 19.10). Jesús quería, sobre todo, atraer de nuevo a los seres humanos a la comunión con el Padre, y estuvo dispuesto a morir en la cruz para hacerlo posible. Su interés se centraba en las personas, y el diablo era simplemente uno de los obstáculos, aunque el más imponente de todos, que se interponían en el camino de la redención humana. Veo el corazón de Dios amando de tal manera al mundo que da a su Hijo unigénito. ¿Y por qué razón? Para que todo aquel que en el cree no se pierda, sino que tenga vida eterna (véase Juan 3.16).

La prioridad más importante de Dios es la evangelización: llamar para sí un pueblo que honre y glorifique su nombre. Esta es también mi prioridad más alta. He entregado más de treinta y cinco años de ministerio activo a las misiones, la evangelización y el crecimiento de la iglesia, y si me quedan aún diez años de servir a Dios, quiero que éstos contribuyan aumentar el número de almas que han de salvarse alrededor del mundo. Mi interés en la guerra espiritual es directamente proporcional a su eficacia para mejorar la evangelización.

Lo que me trae de nuevo a la Argentina.

ARGENTINA

La expulsión del gobernador de Adrogué

El suburbio de clase media alta llamado Adrogué, en Buenos Aires, había experimentado poca evangelización eficaz. Muchos lo habían intentado, pero sin conseguirlo. La mayoría de las iglesias protestantes establecidas en Adrogué habían luchado y terminado por cerrar sus puertas. Se trataba de un camposanto de fundadores de iglesias.

Entre los supervivientes estaba una iglesia bautista, que después de setenta años tratando de evangelizar Adrogué contaba sólo con setenta miembros. Y lo más preocupante todavía era que ninguno de esos setenta miembros residía en la localidad. Nadie recordaba que se hubiera convertido nunca ningún residente de Adrogué.

El pastor Eduardo Lorenzo había aceptado un llamamiento a esa iglesia en 1974. Era un dirigente dinámico que aplicaba los principios del crecimiento de la iglesia, y en trece años, hasta 1987, vio aumentar la congregación de 70 a 250 miembros. Aun así, pocos de esos miembros vivían en Adrogué.

En 1987 comenzó una ola de crecimiento, y cuando visité aquella iglesia en 1990, había pasado la marca de los 600 miembros y construido un nuevo auditorio que tenía capacidad para 2.000. A mediados de 1991 ya asistían 1.000 personas a la iglesia, y Eduardo Lorenzo me dijo: «¡Si para 1993 no llegamos a los 2.000 miembros será porque no lo estaremos intentando!»

¿Qué sucedió en 1987? ¿Cómo se convirtió la evangelización mediocre en evangelización eficaz?

La respuesta está en la aplicación de la guerra espiritual a nivel estratégico en primera línea. Esto no aconteció ni rápido ni fácilmente. Como muchos de nosotros, Eduardo Lorenzo no había sido enseñado en ningún tipo de guerra espiritual. Algunos de sus profesores de seminario consideraban el hecho de enfrentarse a lo demoníaco como un asunto de los pentecostales, pero fuera de lugar para los bautistas respetables.

Viniendo de ese transfondo, Lorenzo necesitó varios años para llegar a la raíz de las dificultades existentes en la evangelización de Adrogué y comprender sus dimensiones espirituales.

Cara a cara con un demonio

Todo comenzó a principio de la década de los 80, cuando el pastor Lorenzo se vio enfrentado con una mujer endemoniada. Aunque se sentía completamente inadecuado para ello, reprendió al demonio en el nombre de Jesús. ¡El demonio salió y la mujer fue liberada! Esto no lanzó a Lorenzo a un ministerio continuo de liberación, pero sí avivó su interés en el tema. En aquel tiempo, uno de los miembros de su iglesia viajó a los Estados Unidos y aprendió algunas cosas acerca de la guerra espiritual, las cuales transmitió a la congregación a su regreso. Lorenzo patrocinó dos seminarios sobre guerra espiritual en su iglesia: uno de los cuales fue dirigido por Edward Murphy, de Overseas Crusades, y el otro por John White, el conocido siquiatra cristiano y escritor del Canadá. El proceso de reequipamiento de la congregación estaba en marcha.

Poco después la batalla comenzó en serio y el enemigo intentó infiltrarse en la iglesia. Se descubrió que una mujer, la cual fingía haberse convertido a Cristo, era un agente encubierto de las fuerzas demoníacas que dominaban Adrogué. Los demonios empezaron a manifestarse abiertamente en los cultos. Satanás estaba contraatacando e intentando intimidar a los creyentes. Según explica Eduardo Lorenzo: «Satanás se sentía contento si podía mantener a aquella pequeña iglesia bautista dando vueltas y más vueltas. Había cegado eficazmente al evangelio las mentes de los inconversos de Adrogué. A lo largo de los años varias congregaciones más habían sido destruidas. Ahora nosotros mismos estábamos experimentando su ataque directo».

Por medio de un largo proceso de oración, ministerio y discernimiento, Lorenzo y los dirigentes de su iglesia identificaron por fin al principado demoniaco más importante que controlaba Adrogué. Descubrieron incluso el nombre de este espíritu territorial. Sintiendo que había llegado el momento de Dios para la última batalla, reclutaron a un equipo de 35 ó 40 miembros de la iglesia los cuales se comprometieron a pasar desde el lunes hasta el viernes de una determinada semana en ayuno y oración. El viernes por la noche, doscientos creyentes casi toda la congregación se unieron a ellos para interceder a nivel estratégico, y tomaron autoridad sobre el principado que dominaba la ciudad y sobre las fuerzas demoníacas menores.

Aquella noche, a las 11:45, los que oraban sintieron de un modo colectivo que algo se rompía en el ámbito espiritual, y supieron que la batalla había terminado. El espíritu malo se había ido y la iglesia comenzó a crecer. No sólo la membresía se triplicó en poco tiempo, sino que ahora el 40 por ciento de la misma es del mismo Adrogué. ¡El año de la victoria fue 1987!

El declinar de Argentina

Con toda probabilidad, lo que sucedió en Adrogué en 1987 no hubiera sucedido en 1977—diez años antes. De todas las naciones de Latinoamérica, Argentina, juntamente con otras como Uruguay y Venezuela, no había experimentado el rápido crecimiento de las iglesias protestantes o evangélicas tan característico de todo el resto del continente. Argentina había sido muy conocida como indiferente o resistente al evangelio. A excepción del impacto extraordinario que tuvo la campaña evangelística de Tommy Hicks a principios de los años 50, el movimiento evangélico en Argentina había estado relativamente estancado.

Sin embargo, un cambio espectacular acaeció en 1982 con la guerra contra Gran Bretaña por la posesión de las Islas Falkland, cuando Argentina trató sin éxito de ocupar las Islas Malvinas, como ellos las llaman. La victoria británica produjo un cambio radical en la sicología social de Argentina, que había conseguido la reputación poco envidiable de ser el pueblo más orgulloso de Latinoamérica. Su orgullo nacional quedó hecho añicos. Muchos se volvieron resentidos. La Iglesia les había fallado, los militares les habían fallado, el peronismo les había fallado. ¡Estaban listos para probar algo nuevo!

Pero la base del orgullo argentino se había ido erosionando en forma grave desde mucho antes de 1982. En otro tiempo la décima potencia económica mundial, Argentina, que alardeaba de tener un nivel de vida superior al del Sur de Europa, era considerada justamente por muchos como la joya de Sudamérica. Juan Domingo Perón tuvo grandes ambiciones para el país mientras fue su dirigente político, durante buena parte de las décadas de los 50 y 60. Pero una vez que la influencia de Perón comenzó a desvanecerse a comienzo de los años 70, éste se vinculó con un poderoso curandero, José López Rega, conocido popularmente como *el brujo*. López Rega sirvió bajo Perón como ministro de Bienestar Social, y después de la muerte de éste, como consejero principal de su tercera mujer, Isabel Perón, durante los dos años que ella ocupó la presidencia.

El brujo logró levantar un monumento público a la hechicería (desmantelado más tarde) y muchos dicen haberle oído maldecir abiertamente a la nación cuando perdió el poder tras el golpe militar de 1976.

Obviamente los principados y las potestades del mal sobre Argentina lo estaban pasando de maravilla, ya que su misión consiste en hurtar, matar y destruir, y estaban haciéndole todo eso y más a uno de los mejores países del mundo. El espiritismo, procedente sobre todo de Brasil, comenzó a inundar la nación. Bajo el gobierno de los militares, miles según algunos incluso decenas de miles de sospechosos políticos «desaparecieron» para siempre. Muchos de sus cuerpos ha sido descubiertos recientemente en remotas fosas comunes. Argentina, la que en otro tiempo fuera la décima potencia económica mundial, se encuentra ahora en el décimo lugar empezando desde abajo según algunas estimaciones. No es extraño, por lo tanto, que el país esté maduro para el mensaje del evangelio. Como es de esperarse, en tal vacío espiritual, y rodeados de una miseria social tan grande, casi cualquier cambio es considerado por muchos como un giro a mejor. El poder de la brujería sigue creciendo. En medio de cada dos casas en toda una manzana, hay tiendas con escaparates que exhiben artefactos de ocultismo. Las sectas falsas como el mormonismo están experimentando un rápido crecimiento. Un enorme y adornado templo mormón domina la carretera que une el aeropuerto de Ezeiza con Buenos Aires. Y según la revista **Somos,** el actual presidente, Carlos Menem, consulta regularmente con una «bruja personal» llamada Ilda Evelia que le aconseja desde hace 28 años y cita también las siguientes palabras de un alto cargo del gobierno: «La verdad es que la mayoría de nosotros consultamos con brujas, y lo hacemos muy a menudo».

Vitalidad espiritual

Aunque gran parte de Argentina todavía lucha con el dominio de los gobernadores de las tinieblas, la luz del evangelio de Cristo está progresando más que nunca en la historia. Dios está levantando una compañía de dirigentes espirituales argentinos de primer orden y los está utilizando para abrir «sus ojos [de los argentinos], para que se conviertan de las tinieblas a la luz, y de la potestad de Satanás a Dios; para que reciban, por la fe que es en mí, perdón de pecados y herencia entre los santificados» (Hechos 26.18).

J. Philip Hogan, hasta hace poco director ejecutivo del Departamento de Misiones Exteriores de las Asambleas de Dios, sabe mejor que nadie lo que Dios está haciendo en el mundo. Sus viajes internacionales le han llevado multitud de veces a Argentina a lo largo de muchos años. Hogan está asombrado de lo que ahora ve en aquel país, y expresa: «Argentina se encuentra en medio de un avivamiento absolutamente soberano y desconocido hasta ahora en su historia. Conozco iglesias de las cuales han sacado los asientos para poder apiñar a más gente dentro».

Edgardo Silvoso, de Harverst Evangelism, uno de los principales expertos en el movimiento cristiano en Argentina, dijo en 1987: «La iglesia en Argentina ha crecido más en los últimos cuatro años que en los cien anteriores».

Los «cuatro años» de Silvoso se remontan a 1984, cuando el evangelista Carlos Anacondia llevó a cabo su primera gran campaña en la ciudad de La Plata. Muchos observadores utilizan esa fecha cuando hablan del comienzo del actual derramamiento de vitalidad espiritual en Argentina.

Carlos Anacondia

Carlos Anacondia era un cristiano comprometido, propietario de una fábrica de tuercas y tornillos de Quilmes, en las afueras de Buenos Aires, cuando Dios lo llamó al ministerio evangelístico. Probablemente no fue mera coincidencia que el mismo día de 1982 en que él iniciaba su primera campaña pública, los británicos hundieran el acorazado General Belgrano en la Guerra de las Malvinas. En aquel entonces Carlos tenía 37 años y era padre de ocho hijos.

Después de observar el ministerio de Carlos Anacondia, tanto desde cierta distancia como de primera mano, estoy listo para adelantar una hipótesis. Aunque algunos otros candidatos probables sean Reinhard Bonnke o Billy Graham, mi previsión es que Anacondia puede muy bien resultar el evangelista de campañas más eficaz de todos los tiempos. El ministerio de Carlos Anacondia, más que el de ningún otro evangelista que yo haya estudiado, es un instrumento para aumentar la tasa de crecimiento de las iglesias que participan en sus campañas.

En La Plata, por ejemplo, la Iglesia de las Asambleas de Dios de la Diagonal, pastoreada por Alberto Scataglini, creció de 500 a más de 2.500 en tres años después de la campaña de Anacondia. Han celebrado sus cultos dominicales en una cancha de baloncesto alquilada desde entonces, debido a que su templo no tenía cabida para todos los asistentes. Durante el mismo período de tiempo, la vecina Iglesia Bautista de Los Olivos, cuyo pastor es Alberto Prokopchuk, experimentó un crecimiento de 200 a más de 1.600 miembros.

En una reciente visita que hice a Argentina, trabajé con pastores de cuatro ciudades distintas. Sin ninguna pregunta directriz por mi parte, en cada una de esas cuatro ciudades oí a los dirigentes cristianos referirse de una manera natural a las nuevas tendencias en sus respectivas localidades como «antes de Anacondia» y «después de Anacondia». Durante más de veinte años estudiando la evangelización urbana de campaña, nunca he escuchado testimonios tan constantes del ministerio de un solo evangelista.

El pastor Alberto Scataglini, principal anfitrión de la campaña de Anacondia que hizo época en La Plata, dice: «El [Carlos Anacondia] transmite su ministerio. No es meramente cosa de una persona. Allí donde va parece transmitir a otros la misma unción que él tiene. Eso le diferenció mucho de cualquier otro evangelista que habíamos tenido aquí. Antes, el evangelista venía, y una vez que se iba el avivamiento había acabado, el poder desaparecía».

LA ORACIÓN DE GUERRA

¿Qué está haciendo Carlos Anacondia que no hacen generalmente otros evangelistas de campañas urbanas? Creo que la oración de guerra. En esto concuerda mi amigo Edgardo Silvoso.

Edgardo Silvoso dice que Anacondia y los otros prominentes evangelistas argentinos «incorporan a su trabajo de evangelización un nuevo énfasis en la guerra espiritual *el desafío de los principados y potestades*, y la proclamación del evangelio no sólo a las personas, sino también a los carceleros espirituales que las mantienen cautivos». Según Silvoso, la oración es la variable principal. «Los evangelistas empiezan orando por las ciudades antes de proclamar el evangelio en ellas, y únicamente después de que sienten que las potestades espirituales sobre la región han sido atadas, comienzan a predicar».

Un accesorio permanente de las campañas de Anacondia es su ministerio de liberación, posiblemente uno de los más sofisticados y masivos que se conozca. Bajo la dirección de Pablo Bottari, un siervo de Dios

sabio, maduro y dotado, literalmente miles de individuos son liberados de demonios durante cada una de
las 30 a 50 noches consecutivas de una campaña.
La tienda de liberación de 45 metros, levantada
detrás de la plataforma al aire libre del orador, está
funcionando desde las 8 de la noche hasta las 4 de la
madrugada de cada día. Anacondia la llama la «unidad
de cuidados intensivos espirituales». Allí, numerosos
equipos adiestrados por Bottari en la oración de liberación llevan a cabo el ministerio real de imposición de
manos.

---

*Yo no he visto una oración de guerra
que sea un final en sí mismo. Mi interés
principal es una oración de guerra
que contribuya a la evangelización
de una forma efectiva.*

No he visto nunca a ningún evangelista de campañas
que sea tan agresivo en público confrontando los malos
espíritus como Anacondia. Mediante un desafío prolon-
gado de gran volumen y potencia lo que hace en realidad
es ridiculizar a los espíritus hasta que éstos se mani-
fiestan de una manera u otra. A los no iniciados, el
escenario del solar de la ciudad donde celebra sus
campañas puede parecerles una confusión total, pero
para los miembros especializados y experimentados de
los 31 equipos de ministerio de la campaña de Anacondia,
se trata simplemente de una noche más de oración de
guerra en primera línea en la que el poder de Jesucristo
sobre las fuerzas demoniacas se manifiesta ante todos.
Y el poder de las reuniones es imponente. Se producen muchas curaciones milagrosas. Hay, por ejemplo,

tantos milagros dentales, empastes, dientes nuevos y sustituciones de puentes defectuosos por muelas sanas que sólo se concede tiempo para dar testimonio público a aquellos que han tenido más de dos muelas empastadas. En una ocasión se informó de que un enano había crecido 38 centímetros. Se sabe de peatones desapercibidos que pasaban cerca de las reuniones y que cayeron bajo el poder del Espíritu Santo. En la ciudad de Santiago del Estero, un sacerdote local decidió oponerse a la campaña invadiendo el área con una procesión religiosa. Cuando llegaron, los cuatro hombres fuertes que llevaban la imagen de la virgen favorita del sacerdote cayeron al suelo bajo el poder del Espíritu y la imagen se quebró en mil pedazos. Dos de dichos hombres pasaron la noche en el hospital ¡y los otros dos en la tienda de liberación de Anacondia!

Esto es la oración de guerra en acción. La oración dirigida por el Espíritu abre el camino para que las bendiciones del reino de Dios vengan a la tierra con sanidades, liberaciones, salvación, santidad, compasión por los pobres y los oprimidos, y el fruto del Espíritu. Sobre todo, Dios es glorificado, adorado y alabado.

TRACE LAS LÍNEAS DE BATALLA

Como ya he dicho antes, no considero la oración de guerra como un fin en sí misma. Soy una persona muy pragmática en el sentido de que las teorías que más me gustan son aquellas que funcionan. Mi interés principal es la oración de guerra que ayuda a realizar un evangelismo eficaz como en el ministerio de Carlos Anacondia. Mi esposa Doris, y yo tuvimos el privilegio de participar en la ciudad de Resistencia en un experimento real de la relación entre la guerra espiritual y la evangelización.

Edgardo Silvoso es un estratega evangelístico de primer orden. Hace años, Dios le llamó a un ministerio de evangelista en su tierra nativa de Argentina, pero después de algún tiempo se sintió insatisfecho, preguntándose si el fruto que veían en decisiones por Cristo era verdaderamente del tipo que permanece. Silvoso había leído un estudio el cual revelaba que en la campaña evangelística media para toda una ciudad, sólo del 3 al 16 por ciento de los que tomaban su primera decisión por Cristo terminaban en las iglesias colaboradoras. Y muy pocas, si es que había alguna, de las iglesias informaban de un aumento notable en su tasa de crecimiento después de la campaña. Entonces empezó a sospechar que debía de haber una forma mejor de evangelizar.

Ed Silvoso estudió los cursos de crecimiento de la iglesia en el Seminario Fuller y desarrolló una estrategia completamente distinta para el evangelismo a nivel de ciudad, la cual denominó *Plan Rosario* porque iba a ponerla en práctica en la ciudad de Rosario, Argentina. Se asoció con su cuñado, Luis Palau, e intentó el experimento en 1976. En vez del 3 al 16 por ciento usual, todo un 47 por ciento de aquellos que tomaban por primera vez la decisión de seguir a Cristo se integraron en las iglesias.

Este no es lugar apropiado para entrar en los detalles de aquella estrategia evangelística, pero las principales innovaciones de la misma tenían que ver con establecer metas de discípulos más que de decisiones, y de fundación de nuevas iglesias. Dos años después, Silvoso y Palau repitieron el esfuerzo en Uruguay y registraron un 54 por ciento de integración de convertidos.

Luego, Edgardo Silvoso contrajo una rara enfermedad mortal miastenia gravis y le dieron como máximo dos años de vida. Fue entonces cuando fundó su ministerio actual, Harvest Evangelism, que tiene oficinas tanto en Buenos Aires, Argentina, como en San José, California. Dios trajo intercesores a su vida y fue sanado milagrosamente a través de la oración. Todo aquel episodio llevó a Ed y a su mujer, Ruth, a una relación más estrecha con Dios de la que jamás habían tenido, y los inició en una herramienta hasta entonces poco enfatizada para el evangelismo: ¡la guerra espiritual!

La caída de Merigildo

Como caso de prueba, Silvoso trazó un círculo de 160 kilómetros de radio alrededor de su ciudad natal de San Nicolás, donde estaba estableciendo el centro de adiestramiento de su organización, Harvest Evangelism. Ed descubrió que dentro de aquel círculo habían 109 localidades y pueblos sin iglesia evangélica, y un estudio mostró que Merigildo, un poderoso brujo, había aplicado poderes sobrenaturales de ocultismo al área en cuestión para mantener fuera de ella el evangelio. Silvoso reunió a dirigentes cristianos, pentecostales y no pentecostales, para hacer una seria oración de guerra. Luego tomaron dominio sobre la zona en el nombre de Jesús y Silvoso dijo: «Hemos dado a los discípulos de Merigildo y a los gobernadores de las tinieblas que mandan sobre ellos un aviso de desahucio sellado con la sangre de Jesucristo». Sintieron que el poder maligno estaba roto.

¡Hace poco recibí un informe de Silvoso diciéndome que ahora en cada una de las 109 localidades mencionadas hay una iglesia evangélica!

Plan Resistencia

Después de la experiencia de Merigildo, Silvoso se fijó en la ciudad de Resistencia, situada en la región norteña de Argentina llamada Chaco. El avivamiento tan predominante en muchas partes del país parecía haber pasado de largo a Resistencia. Y aunque en un principio ese nombre tenía connotaciones militares, la ciudad resultó ser también espiritualmente resistente. A principios de 1990 menos de 6.000 personas de una población de 400.000 eran evangélicos meramente el 1,5 por ciento.

En 1989, Silvoso había iniciado un *Plan Resistencia* de tres años dirigido a conseguir un evangelismo significativo y mensurable. Lo basó, no sólo en las técnicas punteras de crecimiento de la iglesia, sino en lo que es todavía más importante: la guerra espiritual sobre la que había estado aprendiendo.

Ed Silvoso discernía dos principales fortalezas demoníacas sobre la comunidad evangélica en Resistencia: un espíritu de desunión y un espíritu de apatía hacia los perdidos. De modo que trasladó a la ciudad a su equipo de Harvest Evangelism y durante más de un año puso allí cimientos de oración, guerra espiritual y preparación de líderes.

Para el mes de abril de 1990 había cambiado el curso de los acontecimientos. Casi todos los pastores estaban unidos y de acuerdo con el Plan Resistencia. Los cristianos habían comenzado a testificar y a hablar de sus vecinos como de «los que todavía no son creyentes». La desunión y la apatía habían sido vencidas por el poder de Dios.

En abril de 1990, Ed Silvoso nos invitó a mi esposa, Doris, y a mí a visitar Resistencia y a adiestrar líderes en los principios del crecimiento de la iglesia. Mientras yo me dedicaba a esto último, Doris tomaba la temperatura espiritual del lugar, y lo que descubrió la alarmó: era obvio que los creyentes tenían muy poco conocimiento acerca de la guerra espiritual estratégica y de la oración de guerra. A menos que eso cambiara, las posibilidades de un impacto evangelístico significativo eran escasas. Mi esposa sintió que Dios quería que aquello sufriera un cambio.

Llamada a los generales

Doris y Ed Silvoso acordaron pedir ayuda a uno de los principales expertos en la oración de guerra: nuestra amiga Cindy Jacobs de Generales de la Intercesión. Cindy y Doris realizaron tres visitas más a la Argentina en 1990. La pregunta que yo me hacía era si la guerra espiritual a nivel estratégico podría realmente producir cambios mensurables en la evangelización de Resistencia.

En junio, Cindy dio dos seminarios intensivos sobre la oración de guerra a varios cientos de pastores, intercesores y otros dirigentes cristianos, primero en Buenos Aires y luego en Resistencia. María Cabrera, que había sido precursora junto con su marido Omar Cabrera en el avivamiento de Argentina, hizo equipo con Cindy como intérprete. El efecto fue electrizante. Los líderes argentinos no sólo deseaban saber acerca de la intercesión a nivel estratégico, sino que querían ver cómo se realizaba y querían hacerla ellos mismos. ¡En seguida!

Bajo la dirección de Dios, Cindy invitó a aquellos que sentían un llamado especial y tenían sus vidas en orden, a reunirse la mañana siguiente en la ciudad. Un grupo de ochenta se presentaron y marcharon hasta la Plaza de Mayo de Buenos Aires para enfrentarse durante cinco horas de intensa lucha con las fuerzas espirituales de maldad en las regiones celestes. Eduardo Lorenzo, pastor de la Iglesia Bautista de Adrogué y director de Harvest Evangelism en Argentina, condujo al pequeño ejército de intercesores.

Entre otras cosas, el grupo discernió la presencia de un espíritu de brujería y otro de muerte en el ministerio de Bienestar Social donde el notorio brujo de Perón, José López Rega, había tenido su despacho. Cindy sintió que antes de ir a Resistencia era necesario extender aviso de la llegada del Reino de Dios a todos los poderes malignos que pudieran haber tenido influencia nacional.

Cuando el grupo abandonó la plaza, experimentaron una sensación de victoria: los principados y las potestades no habían sido destruidos, pero la oración de guerra había comenzado en cierta medida a debilitar la presa que tenían sobre Argentina.

Llegando a Resistencia, Cindy, Doris, Marfa, Eduardo y los demás descubrieron que los nombres de los espíritus que gobernaban sobre esa ciudad eran conocidos por la gente desde hacía generaciones. San La Muerte —el espíritu de muerte— era tal vez el más poderoso de ellos. Gran número de ciudadanos de Resistencia le guardaban tanta devoción que tenían diminutas imágenes de hueso de su ídolo implantadas quirúrgicamente bajo la piel o bajo los pezones, creyendo la falsa promesa de que ello les aseguraría una «buena muerte». Es difícil imaginarse el nivel de vaciedad y desesperación que había penetrado la ciudad.

Otros espíritus de casi el mismo rango resultaron ser: Pombero, un espíritu de división que producía terror, especialmente a los niños durante el tiempo de la siesta y por la noche; Curupí, un espíritu de perversión sexual y de incesto cuya imagen se caracterizaba por un órgano viril ridículamente largo; la Reina del Cielo, un espíritu religioso que había pervertido el verdadero carácter de la iglesia tradicional; y el espíritu de Masonería, una forma de poder ocultista inteligentemente disfrazado. Aparentemente, coordinando las actividades de todos ellos estaba un principado de adivinación o brujería representado por una serpiente.

Sorprendentemente, las imágenes de estos espíritus y sus actividades aparecían claramente pintadas en varios grandes murales populares de la plaza central de la ciudad.

Después de que Cindy diera un seminario de un día entero a los pastores, intercesores, el equipo de Harvest Evangelism y otros sobre la oración de guerra, un grupo de setenta aproximadamente se sintieron guiados a ir a la plaza y librar una batalla de primera línea. Después de orar colectivamente, arrepentirse y confesar los pecados representados por esos principados y potestades malignos, se enfrentaron a los espíritus durante cinco horas de lucha espiritual. Sólo entonces les dio Dios la seguridad en sus espíritus de que habían abierto brecha. Una vez terminado todo, levantaron sus voces juntos en alabanza y exclamaciones de victoria.

Fruto que permanece

¿Qué sucedió?
El Plan Resistencia de Harvest Evangelism siguió adelante como programado, con acontecimientos evangelísticos para toda la ciudad en agosto y octubre de 1990. Cindy y Doris hicieron dos visitas más al lugar. Edgardo Silvoso cuenta que las gráficas de crecimiento de las iglesias de Resistencia experimentaron un marcado giro en sentido ascendente a partir de abril, cuando el

grupo oró en la plaza de la ciudad. En un acto público 250 personas se bautizaron en piscinas portátiles, mientras que multitudes de casi 17.000 abarrotaron un campo abierto día tras día para asistir a reuniones evangelísticas en las que se quemaban cada noche, en un bidón de 200 litros, objetos utilizados en rituales ocultistas y de brujería.

Se informó también de que el alcalde de la ciudad había hecho profesión de fe en Cristo. Cientos de personas fueron sanadas físicamente y liberadas de demonios. Se iniciaron por lo menos dieciocho iglesias nuevas.

Pero lo más importante de todo fue que la población evangélica de Resistencia se duplicó prácticamente durante 1990. Informes como éste indican que la oración de guerra tuvo indudablemente algún efecto directo sobre el fruto de la evangelización.

Tal vez una de las señales del debilitamiento de los espíritus territoriales sobre Resistencia haya sido la suerte trágica de la gran sacerdotisa del culto de San La Muerte. Dos semanas antes de que en octubre comenzara la ofensiva evangelística, el lecho de la mujer se incendió y, por alguna razón, las llamas parecieron actuar selectivamente, ¡ya que consumieron sólo su colchón, a ella y su estatua de San La Muerte!

San La Muerte mantuvo su promesa de conceder a sus seguidores una buena muerte del modo que cabe esperar del padre de las mentiras.

PREGUNTAS PARA REFLEXIONAR

1. Considere nuevamente la descripción de los tres niveles de guerra espiritual (pp. 16-19). Mencione ejemplos de aquellos que haya usted experimentado personalmente o de los que haya oído hablar.

2. ¿Está usted de acuerdo en que no deberíamos «considerar la guerra espiritual como un fin en sí misma»? Explique su opinión.

3. Cuando el espíritu territorial fue echado de Adrogué, Eduardo Lorenzo había aprendido su nombre. ¿Cuánta importancia cree usted que tiene la revelación de los nombres?

4. Hable acerca de las campañas de Carlos Anacondia. ¿Le gustaría que se celebrara en su ciudad una campaña de ese tipo?

5. ¿Qué piensa que sucedió en realidad en las regiones celestes como resultado de la batalla espiritual de cinco horas en la plaza de Resistencia?

Notas

1. Stephen Strang, "Revival Surges in Argentina" Charisma and Christian Life, abril de 1989, p.34
2. Edgardo Silvoso, «Prayer Power in Argentina», Engaging the Enemy, C. Peter Wagner, ed., (Ventura, CA; Regal Books, 1991), p.110
3. Daniel E. Wray, "¡Reviviré Argentina!" Eternity, julio/agosto 1987, p.22
4. Edgardo Silvoso, "Argentina: Battleground of the Spirit", World Christian, octubre 1989, p.16
5. Para más información sobre los principios evangelísticos utilizados por Silvoso en el Plan Rosario, véase "Strategies for Church Growth", C. Peter Wagner (Ventura, CA; Regal Books, 1987), p.149.

La verdadera batalla es espiritual

Para la inmensa mayoría de los cristianos norteamericanos la guerra espiritual que he estado describiendo es un concepto nuevo. Muchos han comenzado a preguntarse si será posible integrarla a sus ministerios dadas sus tradiciones y preparación. Pero ellos no son los únicos. Incluso los pastores argentinos luchan con algunas de las mismas cuestiones teológicas y prácticas.

APRENDA LA LECCIÓN

Disfruté mucho hablando con el pastor Alberto Prokopchuk, de la Iglesia Bautista de los Olivos, La Plata, Argentina, porque podía identificarme muy estrechamente con su trasfondo. La tradicional preparación bautista para el ministerio que había recibido no incluía un curso en Guerra Espiritual. Su ministerio en la Iglesia Bautista de Los Olivos no era muy diferente de lo que vemos en tantas iglesias típicas de nuestras ciudades americanas: un sólido ministerio de enseñanza bíblica, un nivel de moralidad relativamente alto, el fruto del Espíritu manifestado en un grado razonable, y miembros que oran, diezman, asisten a los cultos y testifican a sus vecinos cuando se les presenta la oportunidad. ¡Todo eso y ningún crecimiento!

Bajo el ministerio de Alberto, la iglesia de Los Olivos había permanecido estancada en 30 miembros durante muchos años, hasta que Carlos Anacondia llegó a La Plata para realizar una campaña. Alberto y la Iglesia Bautista de Los Olivos colaboraron en ella, y a medida que asistían a los cultos noche tras noche y observaban a Anacondia, comenzaron a aprender acerca de la oración de guerra. Quedaron profundamente impresionados por los resultados no sólo por las miles de personas que eran sanadas físicamente y liberadas de espíritus malos, sino todavía más por las 50.000 que tomaron públicamente una decisión por Cristo. Nunca se había visto en La Plata nada que se acercara a esto.

Sin embargo, el observar a Anacondia y a su equipo llevar a cabo la campaña y el trasladar ese tipo de ministerio a una iglesia bautista tradicional eran dos cosas muy distintas. No obstante, una cosa que sí sabían cómo hacer los bautistas era evangelizar. De modo que los dirigentes laicos de Los Olivos abordaron a Alberto y le dijeron: «Tengamos una campaña evangelística en nuestra propia iglesia».

Alberto no estaba listo para aquello. «No tengo el don de evangelista», replicó. «¿Debemos invitar a un evangelista de fuera?» «No, hagamos un trato», le respondieron: «Usted predica en la campaña y nosotros oramos a Dios para que le conceda el don de evangelista».

Posiblemente en un momento de debilidad, Alberto accedió. Organizaron la campaña y celebraron el primer culto. Alberto predicó un mensaje evangelístico e hizo la invitación. ¡No hubo respuesta!

Mientras se angustiaba interiormente por su evidente falta de poder, le pareció escuchar una voz dentro de sí que le decía:

«¡Intenta hacerlo a la manera de Anacondia!»

Medio desesperado, Alberto decidió jugarse el todo por el todo y lo intentó. Hizo una enérgica oración de guerra y reprendió directamente a los espíritus como había visto hacerlo tantas veces a Carlos Anacondia.

Una vez atados los espíritus con la autoridad que Jesucristo le había dado, hizo nuevamente la invitación. ¡Esta vez más de quince personas saltaron de sus asientos y vinieron corriendo al frente para recibir a Cristo como Salvador y Señor!

La Iglesia Bautista de Los Olivos ha crecido de los treinta miembros que tenía hasta más de 900. Pero eso no es todo. Prokopchuk ha comenzado congregaciones satélites en otras partes de la ciudad que suman un total de 2.100 miembros. La meta de Alberto Prokopchuk para su iglesia, junto con su red de congregaciones satélites, es de 20.000 miembros para el año 2000. No es necesario decir que Alberto lo ha estado haciendo «como Anacondia» desde entonces.

LA VERDADERA BATALLA

La lección fundamental que Alberto Prokopchuk aprendió fue que la verdadera batalla para una evangelización eficaz es una batalla espiritual. El lo aprendió a su manera, y otros lo estamos aprendiendo a la nuestra.

El Movimiento del Crecimiento de la Iglesia, al cual represento, ha sido bendecido por Dios y utilizado para estimular cambios fundamentales tanto en el ministerio de la iglesia local como en la evangelización del mundo. Este movimiento comenzó en 1955 y durante los aproximadamente 25 años que estuvo bajo la inspiración de su fundador, Donald McGavran, trabajó en el desarrollo de los nuevos aspectos tecnológicos radicales de crecimiento de la iglesia y evangelismo que tan ampliamente aclamados han sido.

Yo creo que Dios quiere que hagamos un mejor trabajo evangelizando nuestra nación en los próximos años. Y en mi opinión lo haremos en la medida que comprendamos que la verdadera batalla es espiritual.

Alrededor de 1980, algunos de nosotros comenzamos a explorar cuáles podrían ser algunas de las dimensiones espirituales del crecimiento de la iglesia. Eso no significa que ahora consideremos malo ningún aspecto tecnológico o que vayamos a sustituir lo tecnológico por lo espiritual. No; la tecnología ha sido sumamente útil para las iglesias y misiones, y seguimos trabajando con ahínco para mejorarla y actualizarla.

Sin embargo, lo que hemos descubierto es que toda la tecnología evangelística del mundo podrá tener un efecto mínimo sólo si se logra ganar la batalla espiritual. Es algo así como un automóvil nuevo con los últimos adelantos de la ingeniería; que puede ser muy bonito y estar construido a la perfección, pero que no funcionará hasta que se le eche gasolina en el depósito. Lo mismo sucede con el poder espiritual en el evangelismo y el crecimiento de la iglesia.

Para ilustrarlo, considere la década de los 80 en América. Esos fueron los años del desarrollo rápido de algunas de las mayores iglesias que ha visto jamás la nación. Casi todas las áreas metropolitanas tienen ahora una o más megaiglesias que no existían antes. Los seminarios sobre el crecimiento de la iglesia y los recursos evangelísticos se han multiplicado. Las escuelas cristianas privadas y el uso por los creyentes de los medios de comunicación han aumentado extraordinariamente. En la superficie parecía que el cristianismo estaba haciendo grandes progresos en nuestro país, pero las estadísticas presentan un cuadro bien distinto: al final de la década la asistencia a la iglesia era la misma que en sus comienzos, y la membresía de las iglesias protestantes había disminuido.

Yo creo que Dios quiere que hagamos un mejor trabajo evangelizando nuestra nación en los próximos años. Y en mi opinión lo haremos en la medida que comprendamos que la verdadera batalla es espiritual.

APRENDA ACERCA DE LA LUCHA

En 1980 sentí de Dios que necesitaba concentrarme en las dimensiones espirituales del crecimiento de la iglesia. Por mi íntima amistad con John Wimber —a quien entonces algunos apodaban «Don Señales y Prodigios» — supe que el evangelismo con poder sería lo primero en mi nueva agenda. También sentía que después de aquello vendría la oración, aunque debo admitir que no tenía en ese momento ninguna pista de cómo ésta podía relacionarse con la evangelización eficaz.

En mi libro *How to Have a Healing Ministry* [Cómo tener un ministerio de sanidad] (Regal Books), publicado en 1988, compartí mi investigación sobre las señales y los prodigios, y un año antes había comenzado a estudiar con ahínco y a enseñar acerca de la oración. Sin embargo, hasta que no llegó el magnífico Congreso de Lausana sobre la Evangelización Mundial en Manila, en el verano de 1989, no aprendí realmente en cuanto a la verdadera batalla.

Aunque no sabía demasiado acerca de ella, para 1989 había empezado por lo menos a entender dos cosas: (1) La evangelización funcionaría mejor si iba acompañado de una oración fervorosa, y (2) en el cuerpo de Cristo, a nivel internacional, Dios había dotado, llamado y ungido a ciertos individuos que estaban siendo extraordinariamente eficaces en el ministerio de intercesión.

Yo me encontraba en posición de integrar esas nuevas nociones en el Congreso Lausana II, porque era miembro del Comité Internacional de Lausana que patrocinaba el congreso.

Mientras oraba acerca de cómo unir la oración con la evangelización, Dios impresionó mi mente con el pensamiento de que debía tratar de identificar a 30 ó 50 de esos intercesores de primer orden y desafiarles a venir a Manila pagándose sus propios gastos, pasar por alto el proceso de selección de participantes establecido, alojarse en el Hotel Plaza Filipino frente al Centro de Convenciones donde se celebraría el congreso, y orar durante las 24 horas del día todo el tiempo que durara el mismo. Los dirigentes del Comité de Lausana accedieron, y pedí a Ben Jennings, de la «Campaña de Oración por la Gran Comisión» de Cruzada Estudiantil y Profesional para Cristo, que organizara y dirigiera el proyecto. Ben realizó un magnífico trabajo y, cumpliendo nuestras expectativas más elevadas, se presentaron cincuenta intercesores.

A través del equipo de intercesión de Manila, Dios nos dio lo que a mí me gusta llamar una «parábola viviente», a fin de hacernos ver con claridad cuáles son los verdaderos temas subyacentes en la evangelización mundial. Pero antes de que describa esa parábola tengo que explicar aún otro factor decisivo.

EL CORDÓN DE TRES DOBLECES

En la primavera de 1989 comencé a aprender acerca de otra dimensión espiritual relacionada con el evangelismo: la profecía personal. No quiero entrar en detalles aquí de cómo individuos como John Wimber, Cindy Jacobs y Paul Cain ayudaron a abrirme esta nueva área de entendimiento, sólo decir que en un principio yo era un poco escéptico al respecto. Sin embargo, ahora creo que el ministerio profético es un ministerio válido e importante en estos días.

A comienzos del verano de ese mismo año, John Wimber me dijo que Dick Mills me telefonearía con una profecía y me recomendó que prestara mucha atención a ella. Para mi desconcierto yo nunca había oído de Dick Mills, pero John lo describió como uno de los profetas más respetados de América con una trayectoria muy probada. Seguidamente supe por Cindy Jacobs, que conocía bien a Mills, que el telefonear a extraños iba en contra de las costumbres de éste. Por casualidad, Cindy resultó estar invitada en casa el día que Dick Mills me llamó.

No detallaré aquí lo que decía la profecía, pero el asunto de la parábola viva de Manila era una aplicación profética de Eclesiastés 4.12 a mi ministerio: «Cordón de tres dobleces no se rompe pronto». Dick me dijo que sentía que Dios me estaba llamando a servirle como catalizador para que ayudara a unir tres cordones que El deseaba trenzar en un diseño a fin de cumplir sus propósitos en años venideros. Esos tres cordones eran: los evangélicos conservadores, los carismáticos y los liberales escrupulosos.

Lausana II habría de desempeñar un papel importante en cuanto a la unión de los dos primeros cordones. Aunque Lausana I, celebrado en Suiza en 1974, había incluido sólo una participación simbólica de pentecostales y carismáticos, quince años más tarde, en Lausana II, estos grupos eran bastante prominentes. Algunos dijeron que, por el número de manos levantadas en las sesiones plenarias, tal vez la mayoría de los participantes fueran carismáticos.

Resultó que aproximadamente la mitad de aquellos que se reunieron para formar el equipo de intercesión de Manila eran evangélicos conservadores y la otra mitad pentecostales o carismáticos. Más tarde supe que, por ser la primera vez que esos dos grupos se habían mezclado a ese nivel, al principio les asaltaron una variedad de pensamientos. Los carismáticos se decían a sí mismos: «Me pregunto si estos evangélicos saben en realidad cómo orar y ponerse en contacto con Dios». Y los evangélicos, por su parte, pensaban: «¿Se van a poner estos carismáticos a gritar, chillar y a revolcarse por el suelo?»

Pero para el deleite de todos los implicados, descubrieron que al empezar a orar juntos no había ninguna diferencia apreciable entre ellos. Cuando entraron al salón del trono de Dios en compañía unos de otros se encontraron hablando y oyendo las mismas cosas. Los evangélicos animaban a los carismáticos y los carismáticos a los evangélicos. Dos de las cuerdas de Dios se estaban uniendo.

LA PARÁBOLA VIVIENTE

Una de las señales visibles más extraordinarias que he percibido de Dios ocurrió durante la primera noche que el equipo de intercesión de Lausana se reunió en la suite de oración del Hotel Plaza Filipino. La víspera de la mayor convocación internacional sobre evangelización celebrada hasta la fecha, Dios nos dio una parábola viviente para mostrarnos de una vez por todas que la verdadera batalla por la evangelización del mundo es espiritual.

Los cincuenta intercesores se sentaron alrededor de aquella gran habitación de hotel en círculo. Venían de doce naciones distintas, la mayor parte de ellos de Norteamérica. Diez de los intercesores eran filipinos. Y aunque mi esposa, Doris, y yo no somos intercesores, nos invitaron a participar en las actividades de la sala de oración por haber concebido la idea.

Naturalmente, el primer elemento de la reunión fue presentarnos. Y cuando habíamos recorrido poco más de la mitad del círculo, una mujer filipina, llamada Juana Francisco, de alrededor de sesenta años de edad se dio a conocer y nos habló del ministerio de intercesión que había ejercido durante muchos años. Dos o tres minutos después, mientras hablaba otro, Juana Francisco sufrió lo que más tarde supimos que era un ataque crítico de asma. Gritó, su rostro se puso pálido y comenzó a jadear ruidosamente tratando de respirar.

Una oleada de pánico recorrió la sala. Dos hombres tomaron a Juana por los brazos y la llevaron medio en volandas afuera, al pasillo del hotel. Justo al otro lado del vestíbulo estaba la habitación ocupada por Bill y

Vonette Bright, de Cruzada Estudiantil y Profesional para Cristo. Lograron colocar a la mujer en la cama de Bill y afortunadamente una de las intercesoras filipinas era médico, de manera que salió con Juana para atenderla. Con el consuelo de que ya se encontraba bajo cuidado facultativo, dos o tres intercesores oraron por su salud y luego continuamos con las presentaciones.

Casi al terminar de dar la vuelta al círculo, alguien irrumpió en la sala gritando: «¿Quién tiene un automóvil? ¡Es una emergencia! ¡Debemos llevarla al hospital...! ¡La doctora dice que está muriendo!»

Dos mujeres —que no hacía mucho que se conocían—, saltaron de sus sillas de inmediato y salieron rápidamente por la otra puerta al pasillo del hotel. Una de ellas, Mary Lance, es reconocida como evangélica —presbiteriana de Charlotte, Carolina del Norte— y ha sido durante muchos años la intercesora personal de Leighton Ford, presidente del Movimiento de Lausana, el que ostentaba el cargo más alto del congreso. La otra era Cindy Jacobs, a la que ya me he referido anteriormente. Cindy es una conocida carismática independiente.

El espíritu de vudú

Una vez en el pasillo, Mary Lance y Cindy se miraron a los ojos y supieron en seguida en el Espíritu que habían recibido el mismo mensaje de Dios. El Señor les había dicho a ambas que el ataque de Juana Francisca era debido a la invasión de un espíritu de vudú. El vudú filipino había sido proferido contra el grupo y Dios había retirado lo suficiente su protección como para que ese espíritu de enfermedad alcanzara a la intercesora, de un modo muy parecido a la manera en que en el pasado permitiera al enemigo acceder a Job. En cuestión de segundos, Mary Lance y Cindy se asieron las manos, se pusieron de acuerdo en el Espíritu, hicieron una oración de guerra y rompieron el poder del demonio en el nombre de Jesús. Precisamente en ese momento, Bill Bright, que no sabía nada de lo que había sucedido, salió del ascensor y se dirigió a su habitación. Allí, tendida en su cama, se encontraba aquella extraña filipina tratando de respirar y debatiéndose con la muerte. Su acción automática como cristiano fue imponerle las manos y orar por su sanidad, lo que hizo en el mismo momento que Mary Lance y Cindy rompían la maldición. Juana Francisco abrió los ojos y comenzó a respirar con normalidad. ¡La crisis había terminado!

Para entonces Doris y yo estábamos en el pasillo. Bill Bright salió de su habitación, vino hacia nosotros y nos dijo con una voz bastante emocionada: «¡Tenemos mucho poder! ¡Deberíamos utilizarlo más a menudo!»

¿Qué nos muestra Dios?

El propósito de Dios detrás de las parábolas, en este caso de una parábola viviente, es enseñar a su pueblo una lección importante. Cuando analizo aquel acontecimiento, la interpretación está clara. Aunque aquellos 4.500 líderes cristianos seleccionados de casi 200 naciones del mundo se reunieron en el congreso Lausana II en Manila a fin de elaborar una estrategia para la evangelización de 3.000 millones de personas que no conocen todavía a Jesucristo como Señor y Salvador, Dios quería que todos ellos conocieran la verdadera naturaleza de su tarea. En la parábola puedo ver tres lecciones principales:

1. La evangelización mundial es un asunto de vida o muerte.

Hablando médicamente, Juana Francisco estuvo al

borde de la muerte. En términos espirituales, 3.000 millones de personas en el mundo están a punto de sufrir una muerte todavía más terrible: la muerte eterna en el infierno. Si Juana Francisco hubiera muerto, habría ido al cielo. La crisis evangelística a la que se enfrenta el pueblo de Dios es mucho más seria que la breve crisis habida en el Hotel Plaza Filipino, ya que si los inconversos mueren no van al cielo.

2. La clave para la evangelización mundial es escuchar a Dios y obedecer lo que oímos.

Mary Lance Sisk y Cindy Jacobs recibieron ambas una revelación inmediata de Dios. Como intercesoras experimentadas estaban acostumbradas a esto, de modo que no las tomó por sorpresa. Y el hecho de que las dos escuchasen la misma palabra al mismo tiempo confirmó a cada una de ellas que estaban oyendo correctamente.

Pero ellas también sabían que el escuchar a Dios era sólo el primer paso. El segundo consistía en tener el valor de obedecerle mandase lo que mandase. Sabían que El quería que se rompiera la maldición, de modo que actuaron y, otra vez, lo hicieron como cada una de ellas lo había hecho muchas veces antes: tomaron autoridad en el nombre de Jesús y ninguna tuvo duda alguna de que en ese instante la batalla se había ganado.

3. Dios va a utilizar a todo el cuerpo de Cristo para completar la tarea de la evangelización mundial.

Los evangélicos no van a cristianizar el mundo por sí solos. Los carismáticos tampoco van a hacerlo. Dios escogió a una evangélica y una carismática para que se encontraran en el pasillo y libraran una batalla espiritual. Luego, para sellar el asunto, escogió a Bill Bright, uno de los participantes evangélicos más visibles del movimiento de Lausana, para hacer la oración de sanidad y ver cómo el Señor levantaba a Juana Francisco del lecho de muerte.

ESPÍRITUS TERRITORIALES

Antes de la celebración en Manila de Lausana II, no hubo mucha discusión sobre la manera en que los espíritus territoriales podían influir en la evangelización mundial ni siquiera entre los pentecostales y los carismáticos, y menos aún entre los evangélicos.

Aunque este tema no formaba parte del diseño global llevado a cabo por el comité de programa, cinco de los talleres de Manila trataron de los espíritus territoriales y de la intercesión en el nivel estratégico. Los que hablamos de ello fuimos: Omar Cabrera y Edgardo Silvoso de Argentina, Rita Cabezas de Costa Rica, y Tom White y yo de los Estados Unidos. El interés en estos talleres superó las expectativas y, antes de terminar el congreso, yo sentí que Dios quería que tomase cierto liderazgo en cuanto a investigar más el asunto.

John Robb, de World Vision, precipitó la convocatoria de un grupo muy selecto que vivía en Estados Unidos que tenía cierto conocimiento de la guerra espiritual a nivel estratégico. Casi por defecto me convertí en el coordinador del acontecimiento. Entre los 30 individuos que asistieron a la primera reunión en Pasadena, California, el 12 de febrero de 1990, estaban Larry Lea, Gary Clark, John Dawson, Cindy Jacobs, Dick Bernal, Edgardo Silvoso, Mary Lance Sisk, Gwen Shaw, Frank Hammond, Bobbie Jean Merck, Jack Hayford, Joy Dawson, Beth Alves, Ed Murphy, Tom White, Charles Kraft y otros. Bobbye Byerly dirigió simultáneamente a un grupo de intercesión que estuvo orando durante todo el encuentro en la sala contigua.

El grupo empezó a autodenominarse la «Red de Guerra Espiritual» con el subtítulo de «Grupo Surgido de Lausana II en Manila para Estudiar la Guerra Espiritual a Nivel Estratégico». Ninguno de los miembros de la Red se considera a sí mismo un experto, pero todos están de acuerdo en que la verdadera batalla para la evangelización del mundo es espiritual, y que cuanto más aprendamos acerca de ella más eficazmente podremos concluir la Gran Comisión dada por Jesús de hacer discípulos a todas las naciones.

Algunos del grupo están avanzando en ello. El excelente libro de John Dawson *La reconquista de tu ciudad* (Editorial Betania) es el primer libro analítico y de enseñanza que tenemos sobre la oración de guerra. Las obras de Dick Bernal tales como *Storming Hell's Brazen Gates* [La entrada descarada al infierno tormentoso] (Jubilee Christian Center) y *Come Down Dark Prince* [Ven, príncipe de las tinieblas] (Companion Press) comparten ministerios reales de guerra espiritual en el campo misionero. Mi libro *Engaging the Enemy* [Comprometiendo al enemigo] (Regal Books) reúne tratamientos del tema por 18 dirigentes cristianos, algunos de la Red de Guerra Espiritual —tales como Tom White, Dick Bernal, Larry Lea, Jack Hayford, John Dawson, Edgardo Silvoso, etc— y otros como Michael Green, Paul Yonggy Cho, Timothy Warner u Oscar Cullman. *Possessing the Gates of the Enemy*, [Poseyendo la entrada del enemigo] de Cindy Jacobs (Chosen Books) es el manual práctico de cómo hacemos en realidad la intercesión en la Red. El importante concepto de cartografía o *mapping* espiritual (véase el capítulo 8) es introducido por George Otis hijo en su libro *The Last of the Giants* [El último de los gigantes] (Chosen Books).

EL PODER ESPIRITUAL
EN LA EVANGELIZACIÓN

No todos los que se lanzan a evangelizar son igual de eficaces. Y puesto que esto es así, resulta útil saber quiénes son los más efectivos y qué están haciendo que otros no hacen. Esta es una de las tareas de los profesores de crecimiento de la iglesia como yo. Llevo más de dos décadas estudiando iglesias que crecen y otras que no crecen, estudio del que han surgido ya algunas respuestas.

El crecimiento de la iglesia es en cierto modo complejo. Hay tres series de factores que intervienen cuando se hace un análisis del crecimiento o de la decadencia de congregaciones: *los factores institucionales* —la iglesia puede cambiar si lo desea—; *los factores contextuales*, que son condiciones sociológicas —la iglesia no tiene poder para cambiar—; y *los factores espirituales*, que reflejan la mano de nuestro Dios soberano.

Cuando se consideran a escala mundial, parece sin embargo que los factores institucionales y contextuales tal vez no sean tan decisivos como los espirituales. Esto resulta obvio cuando uno se fija en el crecimiento de los movimientos pentecostales y carismáticos durante los 40 ó 50 años pasados. Aunque ha habido algún crecimiento vigoroso entre iglesias no carismáticas y no todas las denominaciones e iglesias carismáticas crecen, sigue siendo cierto que a lo largo de las últimas décadas el crecimiento más asombroso de la iglesia a nivel mundial se ha registrado entre aquellas iglesias que dependen de un modo más explícito del poder espiritual; a saber las pentecostales y carismáticas.

El movimiento pentecostal/carismático tiene sus raíces en los comienzos del siglo XX, pero su poderoso crecimiento no empezó realmente hasta después de la

Segunda Guerra Mundial. En aquel entonces, en 1945, contaba con 16 millones de adherentes en todo el mundo. Para 1965, su número había aumentado hasta los 50 millones. En 1985 tenía ya 247 millones. Y la increíble cifra que arroja 1991 es de 391 millones.

En toda la historia, ningún otro movimiento humano voluntario o militarista y no político ha crecido tan extraordinariamente como el movimiento pentecostal/carismático durante los últimos 25 años.

Una denominación pentecostal, las Asambleas de Dios, creció de 1,6 millones en 1965 hasta 13,2 millones en 1985. Aunque se trata de un grupo relativamente nuevo, las Asambleas de Dios es ahora la denominación mayor o la segunda en número de miembros en más de 30 naciones del mundo. En una sola ciudad, Sao Paolo, Brasil, cuenta con 2.400 iglesias. El movimiento cristiano con mayor tasa de crecimiento en los Estados Unidos es el carismático independiente. Salvo algunas excepciones, la megaiglesia más grande de cualquier área metropolitana de América es pentecostal o carismática. También eran pentecostales/carismáticas las seis mayores iglesias del mundo que en 1990 tenían una asistencia a los cultos de 50.000 personas o más.

Aunque no soy historiador profesional, me atrevería a adelantar una hipótesis: *Creo que en toda la historia, ningún otro movimiento humano voluntario no militarista y no político ha crecido tan extraordinariamente como el movimiento pentecostal/carismático durante los últimos veinticinco años.*

Parece razonable pensar que aquellos que venimos del ala evangélica tradicional de la Iglesia haríamos bien en estar abiertos a aprender de nuestros hermanos y hermanas carismáticos. Y la lección más fundamental, según mi parecer, es que tienen una comprensión más avanzada del carácter espiritual de la verdadera batalla por la evangelización. Las señales y los prodigios, la liberación de espíritus demoníacos, las sanidades milagrosas, la adoración sostenida y entusiasta, las profecías y la guerra espiritual son considerados por muchos de ellos como las manifestaciones normales del cristianismo.

La demostración de este poder espiritual en traer grandes cantidades de personas a Jesucristo habla por sí sola. No tenemos más que mirar lo que Dios está haciendo hoy en día en el mundo para darnos cuenta de que la eficacia de nuestros esfuerzos evangelísticos depende en buena medida del resultado que obtengamos en las batallas espirituales libradas en las regiones celestes.

Las Escrituras señalan que nuestra arma principal para enfrentarnos al enemigo en esta batalla es la oración de guerra.

PREGUNTAS PARA REFLEXIONAR

1. Hable de alguna metodología evangelística o de algunas técnicas de crecimiento de la iglesia que conozca las cuales no parezcan estar funcionando todo lo bien que deberían.
2. ¿Cómo describiría usted cada segmento del «cordón de tres dobleces» que Dios está juntando? Nombre algunos líderes de cada uno de ellos. ¿Pue-

de imaginárselos apoyando sus minísterios mutuamente?

3. ¿Cree usted que cristianos como Juana Francisco pueden ser maldecidos realmente? ¿Podría ella haber muerto de no haberse roto la maldición?

4. ¿Qué temas le gustaría que se trataran si fuera usted a asistir a una reunión de la Red de Guerra Espiritual?

5. Nombre varias de las áreas específicas que el resto del cuerpo de Cristo puede aprender del movimiento pentecostal/carismático.

Jesús a la ofensiva

Si el ministerio público de Jesús comenzó con su bautismo, su primer acto de ministerio implicó el más alto grado de guerra espiritual a nivel estratégico. «Jesús fue llevado por el Espíritu al desierto, para ser tentado por el diablo» (Mateo 4.1).

El antiguo Testamento no tiene ningún relato paralelo de este tipo de actividad. Jesús introdujo algo nuevo en la historia de la salvación. Al enfrentarse al enemigo en aquel choque de poder al más alto nivel, el Señor le estaba extendiendo aviso, a él como a todo el mundo, de que la batalla había empezado. ¡El reino de Dios había llegado!

EL REINO DE DIOS ESTÁ AQUÍ

El mensaje de que el reino de Dios había llegado fue prominente en la predicación de Juan el

Bautista, de Jesús y de los apóstoles. La razón por la que vemos tanto la frase: «Arrepentíos porque el reino de Dios se ha acercado», es que se trata del momento más crucial de la historia de la humanidad desde la caída de Adán y Eva. Y ese momento crucial abarca la encarnación de Jesús, su nacimiento virginal, su bautismo, su ministerio, su muerte y su resurrección. La mayor aplicación del mismo a lo largo del resto de la historia comenzó el día de Pentecostés.

La venida de Jesús fue un acontecimiento tan radical debido a que Satanás había gozado hasta entonces de un poder casi ilimitado aquí abajo en la tierra. Esto no supone pasar por alto el hecho de que Dios es en última instancia el Rey de reyes, el Señor de señores y el Creador de todo el universo —incluso de Satanás—. El diablo es una mera criatura que hasta determinado momento no existía, y que se encontrará al final en un lago de fuego, deseando ansiosamente no haber sido creado nunca (véase Apocalipsis 20.10). Sin embargo, al mismo tiempo no debemos tomar a la ligera la descripción bíblica de Satanás. La Biblia le llama «el dios de este siglo» (2 Corintios 4.4), «el príncipe de la potestad del aire» (Efesios 2.2) y «el príncipe de este mundo» (Juan 12.31). Y Juan afirma que «el mundo entero está bajo el maligno» (1 Juan 5.19). El lenguaje empleado es imponente.

Si pensamos que Satanás tiene un poder formidable en nuestros días, debemos darnos cuenta de que más poder tenía aún cuando vino Jesús. El Señor anunció que El estaba comenzando el reino de Dios, y se enfrentó al enemigo en una batalla que continúa en la actualidad. Satanás sabía muy bien que el Hijo de Dios aparecía «para deshacer las obras del diablo» (1 Juan 3.8), y estaba furioso de que invadieran su reino. Pero

Jesús no sólo invadió el reino del diablo, sino que le derrotó decisivamente en la cruz como tan vívidamente lo describe Pablo en Colosenses: «Y despojando a los principados y potestades, los exhibió públicamente, triunfando sobre ellos en la cruz» (Colosenses 2.15).

Incluso antes de la cruz, Jesús pudo decir que, hasta entonces, nadie en los tiempos del Antiguo Testamento había sido mayor que Juan el Bautista, «pero el más pequeño en el reino de los cielos, mayor es que él» (Mateo 11.11). Podía anunciar la victoria final unos tres años antes de que se cumpliera realmente en la cruz, porque el diablo ya había sido derrotado en aquel choque de poder que conocemos corrientemente como «la tentación de Jesús».

JESÚS PROVOCA EL CONFLICTO

En vez de ocuparse de sus asuntos y permitir a Satanás que escogiera el momento y el lugar del ataque, Jesús tomó la iniciativa y pasó a la acción inmediatamente después de su bautismo. Antes de anunciar su programa en la sinagoga de Nazaret, llamar a sus doce discípulos, predicar el Sermón del Monte, alimentar a los 5.000 o resucitar a Lázaro de los muertos, sabía que le era necesario librar una decisiva batalla espiritual en el nivel estratégico.

El lugar que Jesús escogió para ello es significativo. Fue «al desierto», que era considerado como el territorio de Satanás. *El Diccionario de Teología del Nuevo Testamento* dice de *eremos*, la palabra griega traducida por desierto: «Un lugar de peligro mortal... y de poderes demoníacos», y «sólo cuando el juicio de Dios ha caído se obtiene victoria sobre el desierto y sus espíritus malignos».[1]

Para que el combate de Jesús con el diablo fuera

decisivo, había que darle, por utilizar un término deportivo, la ventaja de «jugar en casa». El Señor entró en el territorio del enemigo sin vacilaciones ni miedo de ningún tipo. Satanás sabía lo que se jugaba, y por lo tanto se empleo a fondo. Llegó incluso a ofrecerle a Jesús su posesión más preciada: «Todos los reinos del mundo y la gloria de ellos» (Mateo 4.8). Se libró una cruenta y decisiva batalla, pero el resultado de la misma jamás estuvo en duda. El poder de Satanás no ha podido nunca, ni podrá competir con el poder de Dios. Jesús ganó. El diablo fue derrotado. Aquel choque de poder abrió espiritualmente el camino para todo lo que Jesús tenía que realizar durante los tres años siguientes, incluyendo su muerte y resurrección.

¿PODEMOS IDENTIFICARNOS CON ESTO?

Llegados a este punto, algunos tal vez piensen que Jesús pudo enfrentarse al enemigo con tal poder porque era Dios: la segunda persona de la Trinidad. Y ya que ninguno de nosotros somos Dios, no podemos identificarnos con esta clase de guerra espiritual.

Esta es una cuestión tan decisiva que me voy a «poner teológico» y voy a tratar la relación entre las dos naturalezas de Cristo. Permítame decir antes de empezar que creo que una de las claves para comprender cómo refleja o no refleja nuestro ministerio hoy en día el ministerio de Jesús es entendiendo lo que el teólogo sistemático Colin Brown llama «Cristología del Espíritu»[2], y a lo que yo he hecho referencia con el término «teología de la encarnación». Explico esto con algún detalle en mi libro *How to Have a Healing Ministry* [Cómo tener un ministerio de sanidad] (Regal), de manera que aquí sólo lo resumiré.

Mi premisa teológica es la siguiente: «El Espíritu Santo fue la fuente de todo el poder de Jesús durante su ministerio terrenal. El Señor no ejerció ningún poder propio ni por su propia cuenta. Hoy en día nosotros podemos esperar hacer lo mismo, o cosas mayores que Jesús, porque hemos recibido acceso a la misma fuente de poder».[3]

Sin olvidar el hecho de que Jesús fue en todo momento plenamente Dios y completamente humano durante su ministerio terrenal, esto se desprende claramente de sus propias palabras: «No puede el Hijo hacer nada por sí mismo, sino lo que ve hacer al Padre» (Juan 5.19). Según Filipenses 2, Jesús se hizo voluntariamente obediente al Padre durante su encarnación en la tierra (véase Filipenses 2.5-8). Accedió a renunciar a sus atributos divinos durante algún tiempo: no hizo obras milagrosas por su propia naturaleza divina, ya que si lo hubiese hecho habría violado su pacto de obediencia con el Padre. Todos sus hechos prodigiosos fueron realizados por el Espíritu Santo obrando a través de El (véase Mateo 12.28; Hechos 10.38; Lucas 4.1, 14:5.17). Por tal razón, Colin Brown llama a esto *«Cristología del Espíritu».*

Así, cuando Jesús estaba a punto de dejar esta tierra, pudo decir con verdad a sus discípulos que les convenía que El se fuese (véase Juan 16.7). Sólo después de que se había ido pudo enviarles al *Paracleto* (Juan 16.14). Jesús expresó: «De cierto, de cierto os digo: El que cree en mí, las obras que yo hago, él las hará también; y aun mayores hará, porque yo voy al Padre» (Juan 14.12).

EL SIGNIFICADO
DE LA TENTACIÓN DE JESÚS

Volviendo ahora al choque de poder que hubo en la tentación de Jesús, ya he dicho anteriormente que Satanás se empleó a fondo, pero ¿cuál fue específicamente su plan de ataque?

El diablo atacó a Jesús precisamente igual que lo hizo con Adán y Eva en la primera tentación: en el aspecto de la obediencia a Dios. Satanás logró engañar al primer hombre y la primera mujer para que desobedecieran a Dios, y esperaba poder hacer lo mismo con el Señor. De modo que lo intentó tres veces, sabiendo que si Jesús rompía el pacto de obediencia que había hecho con el Padre el plan de salvación habría fracasado.

Jesús hubiera podido convertir las piedras en pan y lanzarse desde el templo llamando a los ángeles en su socorro, pero en ambos casos habría tenido que utilizar sus atributos divinos —lo cual siempre podía hacer—. Podría haber afirmado su deidad y tomado los reinos de Satanás sin adorarle. Pero ya que el Padre no le había mandado que hiciera ninguna de esas tres cosas, no las llevó a cabo. A diferencia de Adán y Eva, Él obedeció al Padre.

Lo que vemos, entonces, es a Jesús en su naturaleza humana confrontando directamente al enemigo. Cierto que Él seguía siendo la segunda persona de la Trinidad, pero eso era sólo algo accidental en el caso de aquel choque de poder. El hecho central es que Jesús, como ser humano, desafió abiertamente a Satanás su territorio y lo venció. Y esto lo hizo mediante el poder del Espíritu Santo que recibió durante su bautismo cuando éste descendió sobre Él en forma de paloma. (Marcos 1.10). A continuación, «fue llevado por el Espíritu» a enfrentarse con el diablo (Lucas 4.1). Y después de que

Satanás hubiera sido derrotado, «Jesús volvió en el poder del Espíritu a Galilea» (Lucas 4.14).

La pregunta sigue siendo: ¿Podemos identificarnos hoy con esto? Pues nosotros podemos ser tentados por el diablo como lo fue Jesús, ya que El «fue tentado en todo según nuestra semejanza» (Hebreos 4.15), y también tenemos acceso al mismo Espíritu Santo (Juan 16.14). Además, el Señor dijo a sus discípulos, y presumiblemente a todos nosotros: «He aquí os doy potestad[...] sobre toda fuerza del enemigo» (Lucas 10.19). Yo personalmente creo que tenemos las posibilidades teológicas y espirituales para hacer las obras que hizo Jesús.

Pero me apresuro a señalar que esta es principalmente una conclusión teórica. El si deberíamos hacerlo, en qué medida, y bajo qué circunstancias, constituye una pregunta diferente y más perentoria.

¿CUÁN LEJOS DEBERÍAMOS IR?

Una de las razones por las que debemos ser cautos en esto, es que no tenemos ejemplos bíblicos de los doce apóstoles ni de otros dirigentes cristianos del primer siglo que desafiaran al diablo a un choque directo de poder como lo hizo Jesús. Yo presumiría que la mejor explicación de ello es que Dios no les guió a hacerlo. Al parecer el Espíritu Santo no llevó literalmente a ninguno de ellos al desierto, ni a ningún otro escenario de choque de poder como en el caso de Jesús. Si los discípulos siguieron el ejemplo de Jesús e hicieron sólo lo que veían hacer al Padre, podemos concluir que el Padre, muy obviamente, no lo estaba haciendo.

¿Qué sucede cuando hoy en día los cristianos gritan: «¡Te ato, Satanás!»? Tal vez no tanto como esperamos. El diablo será finalmente encadenado durante mil años, pero eso lo llevará a cabo un ángel y no un ser humano (véase Apocalipsis 20.1-2). Por otro lado, el decir «¡Te ato, Satanás!» puede ser útil para declarar a otros y a nosotros mismos que no nos gusta en absoluto el diablo y que queremos verle neutralizado en el mayor grado posible.

No seré yo de los que regañen a los hermanos y hermanas que reprenden agresivamente al diablo, como no criticaría tampoco a un soldado americano en el Golfo Pérsico que gritara: «¡Aquí estamos, Sadam Husein!» Ninguno de los soldados esperaba siquiera ver a Sadam Husein personalmente, pero sí declaraban quién era el verdadero enemigo.

Jesús nos ayuda a entender esto. El expulsa de una mujer a un espíritu de enfermedad que la había mantenido atada durante 18 años. Luego, explicando lo que había hecho, dice que Satanás era quien la había tenido así todo ese tiempo (véase Lucas 13.10-16). Yo no creo que Jesús estaba diciendo que el diablo mismo había pasado esos 18 años endemoniando a aquella mujer, sino que había sido el último responsable, como comandante en jefe de las fuerzas del mal, de que esa misión fuera delegada a un determinado espíritu de enfermedad. De modo que si Jesús puede decir que Satanás la había atado a ella, resulta apropiado que nosotros digamos: «¡Te ato, Satanás!» —siempre que entendamos las limitaciones de nuestra actuación.

Por tanto, aunque puede ser dudoso que Dios espere de nosotros el que entremos en una confrontación directa con el diablo mismo, no hay muchas dudas respecto de que tenemos un mandato divino de confrontar a los poderes demoníacos en niveles inferiores a Satanás. Los ejemplos del Nuevo Testamento son tan numerosos que no necesitan repetirse. Jesús relacionó claramente la predicación del reino de los cielos con el echar fuera demonios (véase Mateo 10.7, 8).

Lo que el Señor no especificó fue si debíamos esperar un combate con lo demoniaco sólo al ras del suelo —lo cual es bastante obvio— o si la lucha iría en ascenso hasta incluir también la guerra espiritual en el nivel del ocultismo o en el estratégico. En este punto hay ciertos desacuerdos entre aquellos que enseñan y participan activamente en la guerra espiritual en nuestros días. Según puedo percibir, el consenso general es que debemos ministrar con bastante libertad al ras del suelo, echando fuera los demonios corrientes, y que haríamos bien en mantenernos alejados de choques directos con el dios de este siglo: Satanás mismo. Algunos son más precavidos en cuanto a hacer frente a las fuerzas demoníacas en los niveles intermedios y otros más agresivos.

Creo que Dios puede estar llamando, equipando y capacitando a un número reducido de dirigentes cristianos para que pasen a primera línea, a la guerra espiritual en el nivel estratégico. Y pienso que El está levantando a grandes cantidades de creyentes para respaldar a esas personas moralmente, así como por medio de la intercesión, el aliento y los recursos materiales. Dios, según mi opinión, está en vías de elegir un grupo cada vez más amplio de «boinas verdes» tales como Eduardo Lorenzo, Cindy Jacobs, Larry Lea, Carlos Anacondia, John Dawson, Edgardo Silvoso o Dick Bernal, quienes librarán las batallas decisivas de alto nivel contra los gobernadores de las tinieblas y por ende verán aumentos mensurables en los números de perdidos que se convierten «de las tinieblas a la luz, y de la potestad de Satanás a Dios» (Hechos 26.18).

LA CONQUISTA DE UNA CIUDAD

¿Qué tenía que decir Jesús a sus discípulos acerca de la guerra espiritual en el nivel estratégico? Algunas de sus intrucciones más directas no se encuentran en los evangelios, sino más bien en el libro del Apocalipsis. Es bastante corriente olvidar que más de dos capítulos enteros de ese libro son palabras literales de Jesús. Mi Biblia me lo recuerda, ya que están escritas con tinta roja. El contenido de las cartas a las siete iglesias de Asia es una de las pocas partes de la Escritura que fueron al parecer dictadas literalmente por Dios al escritor humano.

Cada una de las siete iglesias recibió un mensaje distinto. Sin embargo todos esos mensajes tienen algunas cosas en común. Por ejemplo: cada carta comienza con algunas frases descriptivas acerca de su autor, Jesucristo. Todas ellas afirman que su contenido es «lo que el Espíritu dice a las iglesias». Y lo más importante para nosotros ahora: en cada una de las siete cartas aparece un único verbo relacionado con la milicia: vencer.

De hecho, hay algunas promesas bastante extraordinarias que dependen de ese hecho de vencer en cada una de las cartas. Si vencemos, como Jesús quiere que lo hagamos: (1) comeremos del árbol de la vida; (2) no sufriremos el daño de la segunda muerte; (3) comeremos del maná escondido; (4) tendremos autoridad sobre las naciones; (5) seremos vestidos con vestiduras blancas; (6) seremos columnas en el templo de la Nueva Jerusalén; y (7) nos sentaremos con Jesús en su trono. ¡A los que cumplan los requisitos les esperan las recompensas más selectas!

> ## *La tarea y el deseo principal de Satanás es impedir que Dios sea glorificado.*

¿Pero qué significa «vencer»? Puesto que parece algo tan decisivo en el programa de Jesús para la iglesia actual, se precisa un estudio de la palabra. El término griego es *nikao*, raíz del nombre Nicolás, corriente en la cultura griega. Significa «conquistar», y es una voz prominente de guerra. Cuando Jesús nos llama a vencer, nos está llamando a la guerra espiritual. El *Diccionario de Teología del Nuevo Testamento* dice que en el Nuevo Testamento, *nikao* «casi siempre presupone el conflicto entre Dios o Cristo y las potestades demoniacas contrarias».[4]

Otras partes del Nuevo Testamento presentan a Jesús utilizando nikao sólo en dos ocasiones. Una de ellas es Juan 16:33, donde el Señor afirma: «Yo he vencido al mundo». Este es un pasaje tremendamente tranquilizador, porque nos recuerda que la guerra misma ha terminado y que el ganador y el perdedor ya han sido designados. Nuestro trabajo no consiste en ganar la guerra —Jesús lo hizo en la cruz—, sino en llevar a cabo una operación de limpieza del territorio. Pero el Señor aún espera de nosotros que venzamos en esto.

CÓMO VENCER AL HOMBRE FUERTE

La otra ocasión en la que Jesús utiliza nikao es refiriéndose al trato con el «hombre fuerte» o con una fuerza opositora demoniaca. En el evangelio de Lucas, el Señor habla de vencer (nikao) al hombre fuerte para que su palacio pueda ser invadido y sus bienes tomados como botín. Este no es sólo un pasaje importante de guerra espiritual, sino que podría considerarse válido para la actividad demoníaca en múltiples niveles. El incidente empieza con una batalla espiritual al ras del suelo, en la que Jesús está echando fuera un demonio de un hombre mudo (Lucas 11.14). Sin embargo, el Señor sigue luego hablando acerca del reino de Satanás (Lucas 11.18) y de un palacio (Lucas 11.21) y de Belzebú, que es un gran príncipe de los demonios pero situado en la escala por debajo de Satanás mismo. Esto podría considerarse como un escalamiento del ámbito de Jesús en cuanto a conquistar y vencer.

En los pasajes paralelos acerca del hombre fuerte armado en Mateo y Marcos, Jesús no utiliza la palabra «vencer», sino «atar» (véase Mateo 12.29 y Marcos 3.27). Es la misma palabra utilizada en Mateo 16.19, donde dice: «Todo lo que atares en la tierra será atado en los cielos». Por lo tanto tenemos justificación para emplear de forma intercambiable los términos «vencer», «conquistar» o «atar» cuando describimos nuestra actividad contra el enemigo en la guerra espiritual.

Las iglesias de las siete ciudades tienen que vencer —o conquistar— a las fuerzas del mal que impiden que la gloria de Dios brille en sus urbes. Y yo entiendo que ese es el deseo de Jesús, no sólo para el primer siglo, sino también para nosotros en el siglo XX.

Por ejemplo: Siento la responsabilidad de conquistar para Cristo mi ciudad, Pasadena, en California. Tengo el privilegio de participar en un grupo más grande de dirigentes cristianos llamado «Pasadena para Cristo». En este momento estamos todavía comenzando un esfuerzo masivo de oración de guerra por nuestra ciudad.

Espero sinceramente que, con el tiempo, seamos capaces de identificar al hombre fuerte o a los hombres fuertes de Pasadena y vencerlos en obediencia a las instrucciones de Cristo.

LA ESTRATEGIA DE SATANÁS

Para vencer a las fuerzas demoniacas que gobiernan una ciudad en el nivel estratégico, se requiere una comprensión básica del modus operandi de Satanás.

Creo que es exacto resumir toda la maldad y las actividades tácticas del diablo en esta sola frase: *La tarea y el deseo principal de Satanás es impedir que Dios sea glorificado.* Cuando Dios no es glorificado en la vida de una persona, iglesia, ciudad, o en el mundo como un todo, es porque Satanás ha cumplido su objetivo hasta ese punto. La motivación subyacente del diablo, como bien sabemos, es que desea para sí la gloria debida a Dios. Cuando Lucifer cayó del cielo, estaba exclamando: «¡Seré semejante al Altísimo!» (Isaías 14.14). El tentó a Adán y Eva diciéndoles que si comían del fruto prohibido serían «como Dios» (Génesis 3.5).También tentó sin éxito a Jesús para que le adorara y le glorificase (Mateo 4.9).

¿Cómo se las arregla Satanás para hacer que Dios no sea glorificado? A fin de contestar esta pregunta puede resultar útil dividir los objetivos del diablo en primarios y secundarios.

El objetivo primario del diablo es hacer que Dios no sea glorificado impidiendo que la gente perdida se salve.

Jesús vino a buscar y a salvar lo que se había perdido. Dios envió a su Hijo para que todo aquel que en El cree tenga vida eterna. Cuando alguien se salva, los ángeles del cielo se regocijan. Satanás odia todo lo mencionado anteriormente. El quiere que la gente vaya al infierno, no al cielo, y la razón por la que ese es su principal objetivo es que cada vez que lo logra obtiene una victoria eterna.

El objetivo secundario de Satanás es lograr que los hombres sean muy desgraciados.

El enemigo ha venido para hurtar, matar y destruir. Cuando vemos las guerras, la pobreza, la opresión, la enfermedad, el racismo, la codicia y otros males semejantes en tal cantidad que no se pueden enumerar, no tenemos duda alguna de que el diablo está consiguiéndolo con creces. Ninguna de estas cosas trae gloria a Dios. Pero estos objetivos son secundarios para Satanás porque suponen sólo victorias temporales.

Satanás es un experto en ambas tácticas. Ha acumulado milenios de experiencias tanto en una como en otra. Estoy de acuerdo con Timothy Warner cuando dice que «la principal táctica del diablo es el engaño», lo cual consigue «contando mentiras a la gente acerca de Dios» y «deslumbrándolos con sus muestras de poder».[5] Me resulta casi incomprensible el que impida de una forma tan masiva que la gente crea en el evangelio.

¿Por qué cuando compartimos el evangelio con nuestros vecinos ellos muchas veces ni siquiera oyen lo que les estamos diciendo? El evangelio es una oferta excepcional. Sus beneficios son enormes. ¡Hacerse cristiano es mejor que ganar la lotería! Sin embargo, muchos de los que conocemos prefieren la lotería a la vida eterna. ¿Por qué? La respuesta está bien clara en 2 Corintios 4.3, 4.

El apóstol Pablo estaba experimentando una frustración semejante. No había bastante gente que aceptara a Cristo, de modo que dijo que el evangelio estaba encubierto entre aquellos que se pierden «en los cuales el dios de este siglo cegó el entendimiento ... para que no les resplandezca la luz del evangelio de la gloria de Cristo» (2 Corintios 4.4). La gente no llega a ser cristiana, pura y simplemente, porque sus mentes están cegadas. La gloria de Cristo no penetra en ellas. ¡Satanás está actuando!

CÓMO CEGAR 3.000 MILLONES DE MENTES

Mientras escribo, 3.000 millones de individuos del planeta tierra no conocen aún a Jesucristo como Señor y Salvador. Y eso sin contar a varios millones más que son cristianos sólo de nombre y no por un compromiso del corazón. Lo que quiero decir es que Satanás está consiguiendo mucho. ¿Pero cómo lo hace? ¿Cómo puede cegar a 3.000 o más millones de mentes?

Es obvio que no puede hacerlo él solo. Satanás no es Dios, ni posee ninguno de sus atributos, lo cual significa que no es omnipresente. El no puede estar en todas partes a todas horas como Dios. Tal vez sea capaz de ir muy rápidamente de un lugar a otro, pero cuando llega se encuentra aún en un sitio determinado.

La única forma imaginable de que Satanás ciegue eficazmente la mente de 3.000 millones de personas, es delegando responsabilidad. El cuenta con una jerarquía de fuerzas demoniacas que llevan a cabo sus propósitos. Cuál será esa jerarquía tal vez nunca lo sepamos, pero sí tenemos algunas indicaciones generales acerca de ella. Nuestra pista más clara está quizá en Efesios 6.12, donde dice que no luchamos contra carne y sangre, sino contra (1) principados, (2) potestades, (3) gobernadores de las tinieblas de este siglo, (4) huestes espirituales de maldad en las regiones celestes.

Los eruditos del Nuevo Testamento no reconocen un

orden jerárquico estricto en Efesios 6.12, ya que los mismos términos griegos se utilizan con diferentes significados y de modo intercambiable en otras partes de la Escritura. Además, otros términos tales como «tronos» y «dominios» se añaden en otros lugares. En definitiva, que esas categorías no son tan claras como las de general, coronel, teniente coronel, comandante y capitán lo serían para nosotros.

Lo que sí está claro, sin embargo, es que los términos en cuestión describen a ciertas variedades de seres sobrenaturales, demoniacos, cuyo trabajo consiste en poner en práctica «las asechanzas del diablo» (Efesios 6.11). Dichos seres, y tal vez muchas otras especies inferiores que obedecen sus instrucciones, están encargados de impedir que los perdidos sean salvos y de enredar las vidas de éstos lo más posible mientras se encuentran en la tierra.

LA REALIDAD DE NUESTRAS CIUDADES

Como ya he mencionado, George Otis hijo está trabajando en un concepto fascinante que él denomina «cartografía espiritual». Entre otras cosas, George dice que debemos luchar para ver nuestras ciudades y naciones como son en realidad, no como parecen ser. Resulta decisivo discernir aquellas fuerzas espirituales en las regiones celestes que están modelando nuestras vidas visibles sobre la tierra. Walter Wink, por ejemplo, ha estado tratando de convencer a los activistas sociales, de que mayores y mejores programas de reforma no han cambiado, y probablemente nunca cambiarán la sociedad a algo mejor si no se nombran, desenmascaran y confrontan las potestades espirituales que hay detrás de sus estructuras.[6]

En sus éxitos de librería *This Present Darkness* y

Piercing the Darkness [Esta patente oscuridad y Penetrando la oscuridad, Crossway Books], Frank Peretti personaliza y escenifica la lucha con las potestades más de lo que lo haría Wink. Aunque los planteamientos de ambos difieren entre sí y el mío no concuerda con ninguno de ellos, lo cierto es que todos estamos luchando por ver nuestro mundo como es en realidad, y no sólo como parece ser.

Uno de los pasajes bíblicos más útiles para esto es 2 Corintios 10:3, donde Pablo dice: «Pues aunque andamos en la carne, no militamos según la carne». Jesús mismo expresó que debíamos estar en este mundo, pero no ser del mundo (Juan 15.19 y Juan 17.15). Esto significa que la verdadera batalla es espiritual. Y en 2 de Corintios, el apóstol Pablo sigue diciendo:

> *Porque las armas de nuestra milicia no son carnales, sino poderosas en Dios para la destrucción de fortalezas, refutando argumentos, y toda altivez que se levanta contra el conocimiento de Dios, y llevando cautivo todo pensamiento a la obediencia a Cristo (2 Corintios 10.4, 5).*

Una fortaleza es donde el diablo y sus fuerzas se han parapetado. El destruir dichas fortalezas constituye obviamente una acción de guerra ofensiva. Según parece, Dios quiere que ataquemos esas fortalezas del mismo modo que Jesús invadió el territorio de Satanás en el desierto para realizar su definitivo choque de poder.

Charles Kraft hace una útil distinción entre tres clases de enfrentamientos espirituales. Todos ellos se encuentran en 2 Corintios 10.4, 5 y son: choque de verdad, choque de lealtad y choque de poder.[7] El choque de verdad consiste en «refutar argumentos» y el choque de lealtad en «llevar cautivo todo pensamiento a la obediencia a Cristo». La oración de guerra necesita ser dirigida contra estos dos tipos de fortalezas. La frase que se refiere de la manera más directa a lo demoníaco en 2 Corintios 10.4,5, es «toda altivez que se levanta contra el conocimiento de Dios». La palabra griega traducida por «altivez» es hypsoma, que según el *Diccionario de Teología del Nuevo Testamento* es un término relacionado con las «ideas astrológicas», «potestades cósmicas» y «poderes dirigidos contra Dios, que tratan de interponerse entre Dios y el hombre».[8] Esto indica la necesidad de librar una guerra espiritual a nivel estratégico que haga retroceder a esas potestades o espíritus territoriales, los cuales impiden que Dios sea glorificado.

Si distinguimos esas potestades, veremos nuestras ciudades como son en realidad. El crimen, las pandillas, la pobreza, el aborto, el racismo, la codicia, las violaciones, las drogas, el divorcio, la injusticia social, el abuso infantil y otros males que caracterizan a mi ciudad, Pasadena, en California, reflejan las victorias temporales de Satanás. Las iglesias vacías y la indiferencia al evangelio representan sus victorias eternas.

Yo apoyo y participo en la promoción de programas sociales, educación, manifestaciones Pro-vida, unas fuerzas policiales vigorosas y una lesgislación sana. Creo en las campañas evangelísticas y en las Cuatro Leyes Espirituales. Pero estos programas sociales y evangelísticos, por sí solos, jamás funcionarán como pueden o deben funcionar a menos que se destruyan las fortalezas del diablo. Esta es la verdadera batalla, y nuestra arma es la oración: la oración de guerra.

EJEMPLOS BÍBLICOS

Una vez que llegamos a comprender los principios bíblicos y teológicos que hay detrás del enfrentamiento de Jesús con el enemigo en el desierto, su deseo de que «venzamos» o conquistemos nuestras ciudades para Cristo, y la naturaleza de la verdadera batalla, que es espiritual, varios otros pasajes bíblicos cobran un nuevo significado. Los veo, no tanto como manuales tácticos para cristianos que son llamados a la guerra espiritual en el nivel estratégico, sino más bien simplemente como ilustraciones de la manera en que Dios utilizó a sus siervos de vez en cuando en la oración de guerra.

Daniel

Un ejemplo corriente es la experiencia del profeta Daniel, quien se dedicó durante tres semanas a una oración de guerra acompañada de ayuno (Daniel 10.1-21). Estuvo orando por asuntos que tenían que ver con la más alta esfera política, la de Ciro, rey de Persia. Daniel pedía por todo tipo de temas pertenecientes al ámbito natural sociopolítico, pero en esta ocasión se nos concede un atisbo poco corriente de lo que estaba sucediendo en realidad en la esfera espiritual como resultado de la oración del profeta. Allí vemos el reino de Persia como es en realidad y no como parece ser.

Durante su período de oración y ayuno, Daniel tuvo una «gran visión» que le dejó sin fuerzas (Daniel 10.8). Pero luego se le apareció un ángel para explicarle lo que había sucedido. Este ángel había sido enviado a Daniel en el primer día de su oración, pero le costó 21 días llegar a su destino. El intervalo de tres semanas fue testigo de una feroz batalla en las regiones celestes. Un ser espiritual llamado «el Príncipe de Persia» logró frenar el progreso del ángel bueno hasta que este último recibió refuerzos nada menos que a través del arcángel Miguel. Finalmente pudo darle a Daniel el mensaje de Dios, el cual era tan imponente que el profeta «estaba ... con los ojos puestos en tierra y enmudecido» (Daniel 10.15). A continuación, el ángel contó a Daniel que en su viaje de vuelta no sólo tendría que pelear con el Príncipe de Persia, sino también con el Príncipe de Grecia, y que nuevamente sólo conseguiría pasar con la ayuda de Miguel.

Esta historia nos deja pocas dudas en cuanto a la influencia de los espíritus territoriales en la vida humana y en todos sus aspectos sociopolíticos. También nos muestra claramente que la única arma que Daniel tenía para combatir a esos gobernadores de las tinieblas era la oración de guerra.

Jeremías

No tenemos los mismos detalles acerca de la guerra espiritual en las regiones celestes que acompañó al ministerio del profeta Jeremías, pero sí datos más específicos sobre su llamamiento divino a la guerra espiritual en el nivel estratégico. Dios había dicho a Jeremías: «Mira que te he puesto en este día sobre naciones y sobre reinos, para arrancar y para destruir, para arruinar y para derribar, para edificar y para plantar» (Jeremías 1.10). Esto, obviamente no es una referencia a los reinos de este mundo como parecen ser, sino como son en realidad. Tiene que ver con los principados y las potestades, que son la raíz de los sucesos que se producen en los asuntos humanos.

Y Dios no le dio a Jeremías armas carnales para realizar ese trabajo. El profeta no ocupaba ningún cargo político, ni tenía autoridad militar ni grandes riquezas a su disposición. Su arma era la intercesión, la oración de guerra que sintonizaba con Dios y que era lo bastante poderosa para cambiar el curso de la historia humana.

Lucas y Hechos de los Apóstoles

Pocos eruditos modernos se han tomado tanta molestia en estudiar el tema de la guerra espiritual estratégica en el Nuevo Testamento como la especialista en temas neotestamentarios Susan R. Garrett, de la Universidad de Yale. Su excelente libro *The Demise of the Devil* [La destitución del diablo] confirma que el asunto subyacente a la narrativa de Lucas en el libro de los Hechos era la batalla contra lo demoníaco. Susan Garrett plantea la pregunta: «Si los ojos de la gente han sido «cegados» por el control de Satanás sobre sus vidas, ¿cómo puede Pablo abrírselos?» La respuesta, según ella afirma, es: «Pablo mismo debe estar investido con una autoridad superior a la de Satanás» (énfasis de Susan Garrett). Ella considera Lucas 10.19 como un pasaje clave, la declaración de Jesús de que sus discípulos tendrían autoridad sobre todo el poder del enemigo, y ese es exactamente el poder que actúa a través de Pablo en Hechos.[9]

Es muy posible que el ejemplo más extraordinario de Pablo «tomando la ciudad para Dios»—si utilizamos la terminología de John Dawson— sea su ministerio en Efeso.

Efeso destacaba entre las ciudades del imperio romano como «centro de los poderes mágicos», según el profesor Clinton E. Arnold, profesor de la Escuela Teológica Talbot. Arnold afirma que «la característica predominante del ejercicio de la magia en todo el mundo helenístico era el conocimiento de un mundo espiritual que ejercía influencia sobre prácticamente todos los aspectos de la vida humana».[10]

Cuando Pablo fue a Efeso, seguramente estaba al corriente de la intensa guerra espiritual de alto nivel que le aguardaba. Y después de salir de allí, su epístola a los Efesios contiene «una concentración de terminología de poder bastante más alta que cualquier otra carta atribuida al apóstol».[11]

A través del ministerio del apóstol Pablo y de otros de su equipo, los principados que dominaban el área (Efeso) se debilitaron hasta el punto de que el evangelio pudo extenderse rápidamente. Esta fue una guerra espiritual efectiva en el nivel estratégico.

El ministerio de Pablo en Efeso dio como resultado la fundación de una iglesia fuerte en aquel lugar, así como el establecimiento de una base regional para la extensión del evangelio. En el plazo de dos años «todos los que estaban en Asia oyeron la palabra del Señor Jesús» (Hechos 19.10) y «crecía y prevalecía poderosamente la palabra del Señor» (Hechos 19.20). Susan Garrett dice que la expresión «crecía la palabra» implica que se había vencido un obstáculo. ¿Y cuál era ese obstáculo? «Era —explica— la aparentemente implacable presa que había tenido el ejercicio de la magia, el comercio con malos espíritus y su concomitante lealtad a su señor, el diablo, sobre los efesios».[12]

En otras palabras: que a través del ministerio del apóstol Pablo y de otros de su equipo, los principados que dominaban el área [Efeso] se debilitaron hasta el punto de que el evangelio pudo extenderse rápidamente. Esta fue una guerra espiritual efectiva en el nivel estratégico que muchos interpretaron como un asalto al espíritu territorial conocido: Diana de los Efesios.

Antes de su experiencia en Efeso, Pablo había experimentado otro choque espiritual de alto nivel en el oeste de la isla de Chipre, donde el apóstol descubrió que el dirigente político Sergio Paulo se había ligado con el ocultista Elimas, también llamado Barjesús. El brujo hizo lo que deseaba Satanás, intentar «apartar de la fe al procónsul». Después de asegurarse que los presentes reconocieran que aquel hombre estaba «lleno de todo engaño y de toda maldad» y que era un «hijo del diablo» y «enemigo de toda justicia», Pablo le hirió con ceguera por el poder del Espíritu Santo. Susan Garrett comenta al respecto: «Cuando Pablo invocó la mano del Señor, haciendo que la oscuridad y las tinieblas cayeran sobre Barjesús, quedó inequívocamente confirmada la posesión por parte del apóstol de una mayor autoridad que la de Satanás». La gente que presenció aquello percibió rápidamente: «Este hombre tiene capacidad para abrir los ojos de los gentiles, a fin de que se conviertan de las tinieblas a la luz y de la potestad de Satanás a Dios».[13]

Los cristianos que creen en la Biblia querrán seguir a Jesús y a los apóstoles en esa guerra espiritual a nivel estratégico que puede llevar a conquistar sus ciudades y naciones para Cristo. Me gusta la forma en que Susan Garrett describe el mundo que rodeaba al ministerio de Jesús y los apóstoles. Dice Garrett: «Las regiones tenebrosas son el reino de Satanás, príncipe de este mundo, quien durante eones se ha sentado parapetado y bien protegido, rodeado por sus muchas posesiones a manera de trofeos. Sus demonios mantienen cautivos a los enfermos y poseídos, y también los paganos están sujetos a su dominio, dándole el honor y la gloria debidos a Dios».[14]

Cuando Jesús llegó anunciando el reino de Dios, este reino de tinieblas de Satanás quedó abocado al fracaso». Desde luego —sigue diciendo Garrett—, la victoria final es algo futuro. Pero Satanás y sus servidores demoníacos y humanos ya no pudieron seguir acosando y atormentando a su antojo. El reino del diablo se astillaba a su alrededor, y su autoridad ya no era reconocida por todos. La batalla aún rugía, pero el triunfo definitivo de Cristo estaba asegurado. La experiencia cristiana— desde sus primeros días hasta el tiempo de Lucas— testificaba de la destitución del diablo».[15]

PREGUNTAS PARA REFLEXIONAR

1. Desarrolle el concepto de que Jesús vivió su vida sobre la tierra a través de su naturaleza humana pero que al mismo tiempo no dejó nunca de ser Dios.

2. ¿Cuáles son las ventajas y también las limitaciones de decir: «Te ato, Satanás»?

3. Explique cómo acomete Satanás su tarea de impedir que Dios sea glorificado.

4. ¿Qué es probable que encuentre si mira su ciudad «como realmente es» y no «como lo que parece ser»?

5. ¿Qué implicaba la guerra espiritual del apóstol Pablo contra Diana de los Efesios?

Notas

1. O. Bocher, "Wilderness", The New International Dictionary of New Testament Theology, Colin Brown, ed., Vol. 3, pp. 1005, 1008 (Grand Rapids, MI: Zondervan Publishing House, 1978).

2. Colin Brown, That You May Believe: Miracles and Faith Then and Now

(Grand Rapids, MI:Wm. B. Eerdmans Pub. Co., 1985).

3. C. Peter Wagner, How to Have a Healing Ministry (Ventura, CA:Regal Books, 1990), pp. 102-103).

4. W. Gunther, "Fight", Dictionary of the New Testament Theology, Vol 1, p. 650.

5. Timothy M. Warner, "Deception: Satan's Chief Tactic", Wrestling with Dark Angels, C. Peter Wagner and F. Douglas Pennoyer, eds. (Ventura, CA: Regal Books, 1990), pp. 102-103.

6. La influyente trilogía de Walter Wink incluye: Nombrando a las potestades, Desenmascarando a las potestades y Confrontando a las potestades. Todos ellos han sido publicados por Fortress Press.

7. Charles H. Kraft, "Encounters in Christian Witness", Evangelical Missions Quarterly, julio de 1991, pp 258-265.

8. D. Mueller, "Height", Dictionary of New Testament Theology, Vol. 2, p. 200.

9. Susan R. Garrett, The Demise of the Devil: Magic and Demonic in Luke's Writings (Minneapolis, MN: Fortress Press, 1989), p. 84.

10. Clinton E. Arnold, Ephesians: Power and Magic (Cambridge, England: Cambridge University Press, 1989), pp. 14, 18.

11. Ibid., p. 1.

12. Garrett, The Demise of the Devil, p. 97.

13. Ibid., p.86.

14. Ibid., p. 101.

15. Ibid., pp. 108-109.

Demonios tras los arbustos

CUATRO

Richard Collingridge ha sido misionero durante 20 años. Cuando lo conocí, a finales de los años 80, había tomado algún tiempo libre para hacer estudios de postgraduación en Misiones en nuestra Escuela de Misión Mundial del Seminario Teológico Fuller.

Se trata de una persona madura, espiritual y emocionalmente equilibrada. Lo digo de antemano porque sospecho que algunos que lean el relato que él hace, le relegarían de otro modo al grupo de los que consideran fanáticos.

EL "DIABLO DEL AGUA"

Allá por el 1975, Rich llevaba enseñando cinco años en el Instituto Bíblico de Sinoe, Liberia, y algunos de sus estudiantes le habían estado hablando de un «diablo del agua» que adoptaba la forma de anillo de latón y a menudo se le veía rodar por los senderos de la jungla movido por su propia energía. Más tarde hizo algunas averiguaciones y descubrió que aquel «espíritu del agua» era también descrito por George Schwab en su libro *Tribes of the Liberian Hinterland*[1] [Tribus del interior liberiano]. Se sabía que su poder podía neutralizarse golpeando el anillo con un machete, poniendo sangre sobre él o echando en su camino una hoja de bananero.

En aquellos tiempos Rich pensaba que tales cosas eran «mera superstición». Debía tratarse de invenciones de alguna imaginación tribal colectiva que ciertamente no tenían ningún parecido con la realidad de nuestra era científica. Movido por una especie de curiosidad antropológica, Collingridge preguntó a sus estudiantes si podían buscarle alguno de esos demonios rodantes para añadirlo a su colección de arte nativa. Pronto uno de sus alumnos le localizó uno, y Rich lo compró de un vecino aldeano. Decidió utilizar el diablo del agua como tope de puerta en la entrada delantera de la casa familiar.

Pablo explica a los corintios que antes de empezar siquiera a hablar de ídolos y demonios debemos recordar que Dios es supremo sobre toda criatura, incluso sobre los demonios y los malos espíritus.

¡Terrible equivocación!

Los problemas empezaron a asediar a la familia Collingridge.

La esposa de Rich, Esther, comenzó a tener fuertes dolores de cabeza, que al principio atribuyó al estrés de la maternidad, la enseñanza en la Escuela Bíblica y otras presiones que la mayoría de las mujeres de misioneros experimentan.

Pero aquellos dolores de cabeza eran diferentes: le causaban trastornos emocionales, no se iban y el sufrimiento que producían no era como el de un dolor de cabeza normal, sino más agudo y violento, además de localizarse en lugares extraños del cráneo.

Sus dos hijas pequeñas empezaron a sufrir terribles pesadillas: oían y hasta veían cosas misteriosas en las paredes. A menudo sólo lograban conciliar el sueño si Rich o Esther encendían una vela y dormían en la habitación con ellas.

Como el tiempo fue pasando y aquellos trastornos anormales se hacían cada vez más agudos, la familia oró en contra de las fuerzas de las tinieblas. Luego, una mañana temprano, sus oraciones fueron contestadas. De repente, Rich tuvo plena conciencia de lo que estaba sucediendo en su hogar. Dios le había revelado que estaban bajo un ataque satánico directo por medio del diablo del agua que ingenuamente habían llevado a casa. Rich compartió con su mujer la revelación del Señor, salió de la cama, llevó el anillo de latón al taller, lo destruyó con una mandarria y lo tiró. En seguida se produjo una notable transformación en el hogar de los Collingridge. El ataque había terminado y la victoria era del Señor. Cuando Rich compartió aquella experiencia con un sabio y maduro pastor liberiano, James Doe, éste simplemente asintió con la cabeza como diciendo: «¿Y qué esperabas?»[2]

CRUZADA ESTUDIANTIL Y PROFESIONAL
PARA CRISTO EN TAILANDIA

Que yo sepa, la película Jesús, de Cruzada Estudiantil y Profesional para Cristo, es la herramienta evangelística más efectiva que se está usando en el mundo hoy en día. No hay duda de que más personas se convierten actualmente viendo la película *Jesús* que a través de ningún otro material evangelístico. Paul Eshleman, el ejecutivo de Cruzada Estudiantil a cargo del proyecto, cuenta una fascinante historia en su libro *I Just Saw Jesus* [Acabo de ver a Jesús].

Uno de los ejemplos sobresalientes del fruto que puede recogerse mediante la película *Jesús* es la nación de Tailandia. Antes de que la Cruzada Estudiantil y Profesional para Cristo empezara al comienzo de la década de los 80 a utilizar dicha película, sólo se habían establecido en aquel país, después de 150 años de trabajo misionero, 500 iglesias. A partir de entonces, en los ocho años siguientes —según ha revelado el estudio de Roy Rosedale— se organizaron 2.000 iglesias nuevas.[3]

Eshleman cuenta la siguiente historia acerca de un equipo que había estado proyectando la película en cierta aldea rural. Según dice, los componentes del mismo planearon pasar la noche en dicha aldea, y volver a casa al día siguiente. Se les dijo que dormirían en el templo budista local, pero lo que no les dijeron fue que aquel templo en particular era conocido en kilómetros a la redonda como una morada principal de demonios. Otros que habían intentado dormir allí anteriormente habían salido corriendo antes de que amaneciera, y se decía que algunos habían aparecido muertos al día siguiente.

Según cuenta Eshleman, poco después de que el equipo se hubiera ido a dormir, «fueron despertados todos a la vez por la presencia inmaterial de un animal horrible. Allí, en un rincón del recinto apareció la imagen más terrorífica que hubieran visto jamás, y el miedo los golpeó como un puño helado». [4]

El sobresaltado equipo decidió poner en práctica lo que habían visto hacer a Jesús en su propia película: oraron juntos y con valentía echaron al demonio fuera del templo en el nombre del Señor. No hubo necesidad de nada más, y pudieron dormir tranquilos el resto de la noche.

Por la mañana temprano, los aldeanos llegaron para llevarse el equipo de proyección que estaban seguros habrían dejado atrás los cristianos al salir corriendo o al morir por causa de los demonios. Pero los encontraron profundamente dormidos y «fueron confrontados por la realidad innegable de que Dios es más poderoso que ninguna otra fuerza».[5]

LA CUESTIÓN SUBYACENTE

Una hipótesis que estoy intentando defender en este libro ha sido formulada de la siguiente manera:

> *Satanás delega en miembros de alto rango de la jerarquía de los espíritus malignos, el control de naciones, regiones, ciudades, tribus, grupos de personas, vecindarios y otras redes sociales humanas. La tarea principal de esos espíritus es evitar que Dios sea glorificado en su territorio, lo cual llevan a cabo dirigiendo la actividad de demonios de rango inferior.* [6]

Se ve en seguida que esta hipótesis se sostiene o cae según se pueda o no legítimamente considerar que los espíritus o seres demoniacos ocupan territorios. En el siguiente capítulo trataré ese tema en detalle, pero antes necesitamos tocar una cuestión preliminar: *¿Se vinculan los demonios a cosas específicas tales como ídolos, animales, casas, árboles o montañas?*

Mi respuesta es sí.

Mateo, Marcos y Lucas narran la historia de cuando Jesús echó fuera el demonio llamado Legión en la tierra de los gadarenos. Los demonios salieron del hombre y entraron en los cerdos (Mateo 8.28-34; Marcos 5.1-20; Lucas 8.26-39). No hay duda, por lo tanto, bíblicamente, de que los demonios pueden vincularse a animales.

Haciendo un paréntesis, es oportuno señalar aquí que cuando los demonios se dieron cuenta de que Jesús iba a echarlos del hombre, «le rogaban mucho que no los enviase fuera de aquella región» (Marcos 5.10). ¿Por qué hicieron aquello? Obviamente el permanecer en el mismo territorio geográfico tenía cierto valor para ellos, y Jesús accedió a su petición mandándolos a los cerdos. El pastor argentino Eduardo Lorenzo, cuya congregación logró desalojar al espíritu territorial que controlaba Adrogué (véase el capítulo 1), expresa su opinión de que los principados a quienes se expulsa de los territorios que les han sido asignados temen que sus superiores les inflijan un cruel castigo por no haber permanecido en ellos.

En Apocalipsis 2.13 se asocia a Satanás con una ciudad y con su centro de culto. En el pasaje en cuestión, se dice de la ciudad de Pérgamo, en Asia Menor, que es «donde mora Satanás».

DEMONIOS E ÍDOLOS

Un pasaje bíblico central para comprender la relación entre los demonios y los ídolos es 1 Corintios 8-10, donde Pablo trata el tema de comer carne sacrificada a estos últimos.

El apóstol comienza esa extensa enseñanza afirmando que «sabemos que un ídolo nada es en el mundo, y que no hay más que un Dios» (1 Corintios 8.4). Más tarde, Pablo plantea la pregunta retórica: «¿Qué digo, pues? ¿Que el ídolo es algo, o que sea algo lo que se sacrifica a los ídolos?» (1 Corintios 10.19). Naturalmente la respuesta es no. El apóstol Pablo estaría de acuerdo con Isaías, quien ridiculiza a los que hacen ídolos diciendo: «¿Quién formó un dios, o quién fundió una imagen que para nada es de provecho?» (Isaías 44.10), y cuenta de un necio que utiliza la mitad de un leño para asar carne y de la otra mitad se talla un ídolo, y luego «se postra delante de él, lo adora, y le ruega diciendo: Líbrame porque mi dios eres tú» (Isaías 44.17).

Pablo también explica a los corintios que antes de empezar siquiera a hablar de ídolos y demonios debemos recordar que Dios es supremo sobre toda criatura, incluso sobre los demonios y los malos espíritus. Dos veces el apóstol cita el Salmo 24.1. «Del Señor es la tierra y su plenitud» (1 Corintios 10.26, 28). El no cae en el dualismo de considerar a las fuerzas del bien en pie de igualdad con las fuerzas del mal. No, Satanás y todos los demonios ejercen sólo el poder que Dios les permite y nada más, como claramente ilustra el libro de Job.

Habiendo dicho esto, nos ponemos sin embargo en una posición peligrosa y vulnerable si no vemos que objetos tales como los ídolos físicos pueden albergar un poder maligno increíble. Esto es lo que hay, a mi entender, detrás de los dos primeros mandamientos del Decálogo: «No tendrás dioses ajenos delante de mí» y «No te harás imagen» (Éxodo 20.3 y 4). Los ídolos no son juegos ni cosas divertidas. *Dragones y Mazmorras* es un juego cualitativamente distinto del *Scrabble* o del aje- drez. A menudo existe una relación perniciosa entre seres demoniacos y objetos físicos, a pesar de que dichos objetos en sí no sean más que madera, metal, piedra, plástico u otra cosa parecida.

Eso es lo que Pablo está tratando de explicarles a los corintios, algunos de los cuales estaban en realidad aceptando invitaciones a entrar en templos de ídolos y comer carne que había sido sacrificada allí.

No es que hubiera algo intrínsecamente malo en comer la carne misma. Sabiendo de antemano que mucha de la carne que se vendía en el mercado había sido previamente sacrificada a los ídolos, Pablo les dice sin embargo que la coman sin preguntar nada (véase Corintios 10.25). Pero una cosa es la carne y otra el ídolo al que se sacrifica.

Pablo dice que los paganos no están simplemente sacrificando a un pedazo de madera o de piedra, sino que en el templo de los ídolos «lo que los gentiles sacrifican, a los demonios lo sacrifican y no a Dios» (1 Corintios 10.20). El erudito del Nuevo Testamento Eldon Ladd, comentando sobre este pasaje clave, dice que «hay un poder relacionado con los ídolos que reside en demonios. De modo que adorar a los ídolos significa sacrificar a los demonios». [7] Leon Morris está de acuer- do con esto: «Cuando la gente practica un ritual de sacrificios para los ídolos —expresa—, no puede decirse que estén comprometiéndose con una actividad neutral y sin significado. En realidad están haciendo sacrificios a espíritus diabólicos». [8]

Esto arroja algo de luz bíblica y erudita sobre inciden- tes tales como el del diablo del agua que rodaba por las sendas de la jungla liberiana, o el del templo budista donde se sabe que los demonios residentes matan.a los extraños. Los demonios reales se vinculan con animales, ídolos, anillos de latón, árboles, montañas y edificios, así como con un número y una variedad indeterminada de objetos fabricados y naturales.

¿SUCEDE ESTO EN LOS ESTADOS UNIDOS?

Muchos de mis amigos misioneros procedentes de todo el mundo mencionan lo arriesgado que ha sido para ellos contar sus experiencias con los demonios a congregaciones de los Estados Unidos, particularmente dentro de ciertos círculos de iglesias norteamericanas. Una de las denominaciones que tradicionalmente han sido más bien reacias a aceptar desafíos a una guerra espiritual enérgica, son los bautistas del sur. Y no los menciono para señalarlos o criticarlos, sino para felicitarlos por haber oído lo que el Espíritu está diciendo a las iglesias. El número correspondiente a febrero-marzo de 1991, *The Commission*, publicación oficial de la Junta de Misiones Extranjeras de esa denominación, contiene artículos muy francos sobre la posesión demoníaca y la guerra espiritual.

Después de describir dos liberaciones bastante asombrosas, una en el Caribe y otra en Malasia, Leland Webb dice: «Los misioneros pocas veces comparten relatos como éste con los bautistas de los Estados Unidos.Una de las razones es que esta clase de informes están fuera de la experiencia de la mayoría de los cristianos de América.»[9] Y continúa señalando el problema evidente al que se enfrentan aquellos que escuchan esos relatos: Si sucede en el campo misionero, ¿por qué no podría pasar también aquí en nuestro país?

Naturalmente, el hecho es que sucede también en los Estados Unidos.

> *Nos ponemos en una posición peligrosa y vulnerable si no vemos que tales objetos como los ídolos físicos pueden albergar poderes malignos.*

Al igual que los bautistas del sur, los menonitas contemporáneos tampoco han sido especialmente abiertos en el tema de los demonios y las manifestaciones demoniacas. Esto, por sí solo, realza la credibilidad de David W. Shenk y Ervin R. Stutzman, ambos menonitas, que cuentan la experiencia de Richard y Lois Landis, una pareja de misioneros dedicados a la fundación de iglesias en Nueva Jersey. Una de las familias de la iglesia de los Landis llegó a estar muy preocupada por el hecho de que su hijo adolescente se despertara continuamente durante la noche oyendo ruido de arañazos en la pared de su cuarto. El pastor Landis visitó la habitación del chico y la encontró atestada de fotos lascivas de rock, así como de objetos y libros lujuriosos. La familia se arrepintió, confesó su pecado e hizo una limpieza del dormitorio. «Luego, en el nombre de Jesús, mandaron al espíritu malo que arañaba las paredes por la noche que se fuese para siempre». Como resultado de ese simple acto de fe acompañado de la oración de guerra, «la paz llenó la habitación y el Espíritu Santo vino sobre aquel pequeño grupo reunido con el muchacho. El espíritu malo jamás volvió».[10]

ESPÍRITUS EN CASA DE LOS WAGNER

La idea de espíritus ocupantes de casas no sólo

podemos traerlas a los Estados Unidos del campo misionero. Yo también puedo contar de algunos que habían en mi propia casa de Altadena, California.

En 1983, mi esposa Doris y yo recibimos la visita mensual de un grupo de oración intercesora.Una de aquellas noches, dos de las mujeres con dones de discernimiento de espíritus, mencionaron que sentían una presencia maligna especial localizada aparentemente en nuestro dormitorio.

Poco después de aquello, en una ocasión en que yo me encontraba fuera, Doris se despertó de repente a mitad de la noche atenazada por un miedo terrible. Su corazón latía furiosamente, y cuando miró al otro lado de la habitación pudo ver una sombra, como de tres metros de altura, con ojos y dientes verdes luminosos. Su miedo se convirtió en ira, y Doris reprendió al espíritu en el nombre de Jesús, mandándole que saliera de su habitación y que no entrase en las de los niños. El espíritu salió.

Algunas semanas más tarde, ambos estábamos en la cama cuando Doris se despertó, esta vez con un doloroso calambre en el pie. Le impuse las manos, oré por su sanidad e intenté volver a dormir. Diez minutos después le pregunté por su pie. «El dolor no se quita —me contestó—, y creo que es un espíritu». Esta vez reprendí al espíritu en el nombre de Jesús y aparentemente obedeció, ya que el dolor desapareció en seguida.

Cathy Schaller y George Eckart, dos amigos que asisten a nuestra clase de Escuela Dominical en la Iglesia Congregacionalista de la Avenida Lake, oraron fervientemente por Doris y por mí y fueron guiados por el Espíritu a ir a casa y hacer una oración de guerra.

Una tarde, mientras nosotros estábamos trabajando en el seminario, les dejamos una llave de la vivienda. Y tan pronto llegaron y se bajaron del automóvil supieron que iban a tener que pelear, ya que una fuerza invisible les impedía físicamente entrar en el patio que circundaba la puerta delantera.

Decidieron entrar en el garaje, y allí pudieron discernir varios espíritus malos, uno de ellos tan fuerte que Cathy en realidad podía olerlo. Después de echarlos fuera, entraron con facilidad en el patio y en la casa. Encontraron espíritus en tres de las habitaciones, y el mayor de ellos, como era de esperar, en el dormitorio principal.

En el salón sintieron que un espíritu se había vinculado con un puma de piedra el cual habíamos traído como recuerdo de nuestro trabajo misionero en Bolivia.

Cuando volvimos a casa destruimos el puma al igual que algunas máscaras ceremoniales animistas que neciamente habíamos colocado en la pared del salón. La siguiente vez que el grupo de intercesión se reunió, sintió que la atmósfera era distinta y que la casa había sido limpiada.

El monstruo con ojos verdes de Wagner

Aquel incidente con los espíritus fue una experiencia de aprendizaje tan importante para mí que la relaté en una columna de la revista *Christian Life*. Entonces no sabía que algunos estudiantes la pondrían en el «Tablón de Declaraciones» del Seminario Fuller, convirtiéndola en el centro de un fuerte debate que duró aproximadamente dos semanas en el campus de la universidad. El «monstruo con ojos verdes» de Wagner se convirtió en un asunto de broma y en motivo de ridiculez para muchos, mientras que otros lo defendían principalmente contando experiencias semejantes. Uno de los resultados fue que se me llamó al despacho del presidente del seminario para explicar mi más bien polémico comportamiento.

Aunque aquella experiencia fue dolorosa, mucho del daño se alivió pocas semanas después al recibir una carta de Irene Warkentin, de Winnipeg, Manitoba.

Irene se presentaba como profesora y socióloga de buenas credenciales académicas, y me dijo lo mucho que había significado para ella mi columna en *Christian Life*. Explicó que Kevin, su hijo de cinco años, había estado experimentando fuertes calambres en las piernas que no tenían explicación médica. Ella los identificó con los calambres de Doris que yo describía en mi artículo, y fue a la habitación del niño pidiéndole a Dios que le mostrara lo que andaba mal. «Y allí estaba —decía en la carta—: la estatua de un perro traída de un país extranjero». Irene recibió una palabra clara del Espíritu Santo en cuanto a que debía destruir aquella estatua.

Después de hacer lo que estoy llamando una oración de guerra, la mujer llevó la estatua del perro al garaje y la destruyó con un martillo.

La carta sigue diciendo: «Casi todo aquello lo había hecho con temor reverente, pero cuando destruí ese perro la emoción que experimenté fue de ira. Estaba tan airada que golpeé al perro con vehemencia».

Yo diría que aquello tuvo un significado especial, ya que Irene Warkentin es menonita y una mujer muy pacífica por naturaleza.

Luego explica que la ira la dejó por completo y, naturalmente, también los calambres de las piernas de Kevin desaparecieron de una vez por todas.

Otras opiniones

Me volví tan inseguro a causa del ridículo que me había

traído el escribir aquella columna en *Christian Life*, que comencé a preguntarme si no habría perdido la cabeza. De manera que lo que hice fue escudriñar la literatura disponible para ver si otros concordaban conmigo.

Me sentí animado al descubrir que el dirigente angli-cano de origen británico Michael Harper había tenido experiencias semejantes a la mía. De un modo bastante inesperado, Harper comenzó a experimentar en deter-minado momento sentimientos angustiosos de abati-miento y temor durante la noche, especialmente miedo a la muerte. Esto era tan poco corriente en él que le hizo preocuparse, particularmente al ver que dichos senti-mientos se iban haciendo cada vez más intensos.

Michael Harper pronto llegó a la convicción de que la casa que su familia ocupaba desde hacía poco, un edificio bastante antiguo, tenía «algo desagradable». De manera que llamó a Robert Petipierre, un monje be-nedictino anglicano, para que pasara allí una noche e hiciera algunas oraciones de guerra. Petipierre «celebró en la casa un culto de comunión y exorcizó cada una de las habitaciones» según el ritual prescrito por la Iglesia anglicana para tales casos. Según cuenta Michael Harper. «A partir de aquel día, la atmósfera de nuestra casa cambió y no se volvieron a repetir las experiencias que he referido».[11]

El mismo Dom Robert Petipierre editó el informe de una comisión especial convocada por el obispo de Exeter en 1972 para investigar tales temas. Dicho obispo describía la situación que le había llevado a formar la citada comisión investigadora como una tendencia dentro de la Iglesia de Inglaterra a «conside-rar el exorcismo como un ejercicio de magia blanca o la supervivencia de una superstición medieval». Por lo general, esta práctica llevaba adscrita una connotación negativa. Al obispo de Exeter le preocupaba que los dirigentes anglicanos hubieran casi pasado por alto los «aspectos positivos [del exorcismo] como una extensión de las fronteras del reino de Cristo y una demostración del poder de la resurrección para vencer al mal y sustituirlo por el bien».[12]

El informe descubría que sitios tales como las iglesias, las casas, las ciudades y el campo pueden ser «perturbados o influidos por una variedad de causas como espíritus, encantamientos, pecados humanos, memorias del lugar, actuaciones síquicas o de espíritus burlones e influencias demoniacas».[13]

Respetados dirigentes cristianos, como la misionera Vivienne Stacey, hablan acerca de expulsiones de demonios de casas encantadas en Pakistán.[14] El pastor James Marocco describe la opresión sobre la isla hawaiana de Molokai.[15] Don Crawford, por su parte, cuenta de la ocupación de un árbol por espíritus en Indonesia.[16] Y la lista podría ampliarse más y más.

¿DEMONIOS TRAS LOS ARBUSTOS?

Me doy perfecta cuenta de que a muchos les molesta la idea de que los espíritus puedan vincularse y se vinculen a objetos materiales, casas o territorios. Una expresión corriente utilizada algo a la defensiva por ciertas personas es que la gente como Wagner o Petipierre, Collingridge o Irene Warkentin, «ven demonios detrás de cada arbusto».

Debo decir que entre las docenas de dirigentes cristianos que conozco y que participan en ministerios de liberación responsables, todavía no he encontrado a ninguno que pretenda que hay demonios detrás de cada arbusto. Concordamos sí, en que hay espíritus detrás de algunos arbustos, y que en la medida que seamos capaces de discernir, por el poder del Espíritu Santo, de qué arbustos se trata y de la naturaleza específica de las infestaciones demoníacas, podremos tomar con más facilidad autoridad sobre ellos en el nombre de Jesús y reclamar el territorio que han usurpado para el reino de Dios.

En el presente libro quiero tratar de emplear ese discernimiento. Deseo tomar en serio la advertencia de C. S. Lewis en *Cartas a un diablo novato*, cuando dice: «Hay dos errores equivalentes y opuestos acerca de los demonios en los cuales puede caer nuestra raza: uno es no creer en su existencia, y el otro es sentir un interés excesivo y malsano por ellos. Ellos, por su parte, se sienten complacidos con ambos errores, y saludan con el mismo deleite a un materialista y a un mago».[17]

PREGUNTAS PARA LA REFLEXIÓN

1. ¿Qué piensa usted acerca de la experiencia de Rick Collingridge con el «diablo del agua»? ¿Ha visto u oído alguna vez algo parecido?
2. Muchas personas creen que puede haber casas encantadas. ¿Son capaces también los espíritus malos de controlar territorios enteros?
3. Hable de la relación que hay entre los ídolos físicos y los espíritus demoníacos.
4. Cuando Doris Wagner vio a aquel espíritu en su dormitorio, lo primero que experimentó fue miedo y luego ira. ¿Puede usted identificarse con esas emociones?
5. Desarrolle el doble tema de no ver demonios en absoluto o de ver demasiados de ellos.

Notas

1. George Schwab Tribes, Tribes of the Liberian Hinterland (Cambridge, MA: Report of the Peabody Museum Expedition to Liberia, 1947) p.163.
2. Este caso está tomado de la disertación "Demonios e idolos" escrito por Richard Collingridge mientras estudiaba en el Seminario Teológico Fuller en abril de 1986.
3. Roy Rosedale, "Mobil Training Centers: Key to Growth in Thailand", Evangelical Missions Quarterly, octubre de 1989, pp. 402-409.
4. Paul Eshleman, I Just Saw Jesus (San Bernardino, CA: Camous Crusade for Christ, 1985, p.112.
5. Ibid.
6. Esta hipótesis se publicó primeramente en el capítulo "Territorial Spirits" de Wrestling with Dark Angels, editado por C. Peter Wagner y F. Douglas Pennoyer (Ventura, CA: Regal Books, 1990) p.77.
7. George Eldon Ladd, A Theology of the New Testament (Grand Rapids, MI: Wm. B. Eerdmans Publishing Company, 1974), pp. 400-401.
8. Leon Morris, The First Epistle of Paul to the Corinthians: An Introduction and Commentary (Grand Rapids, MI: Wn. B. Eerdmans Publishing Company, 1958, p. 147.
9. Leland Webb, "Spiritual Warfare: Reports from the Front", The Commission, febrero-marzo de 1991, p. 30.
10. David W. Shenk y Ervin R. Stutzman, Creating Communities of the Kundom (Scottdale, PA: Herald Press, 1988), p. 69.
11. Michael Harper, Poder para vencer (Caparra Terrace, Puerto Rico: Editorial Betania, 1982), pp. 129-130.
12. Dom Robert Petipierre, ed., Exorcism: The Report of a Commission Convened by the Bishop of Exeter (Londres, Inglaterra: S.P.C.K., 1972), p. 9
13. Ibid., pp. 21-22
14. Vivienne Stacey, "The Practice of Exorcism and Healing" Muslims and Christians on the Emmaus Road, J. Dudley Woodberry, ed. (Monrovia, CA: MARC, 1989), pp. 298-300.
15. James Marocco, "Territorial Spirits", estudio escrito en el Seminario Teológico Fuller, 1988, p.5.
16. Don Crawford, Miracles in Indonesia (Wheaton, IL: Tyndale House Publishers, 1972), p.144.
17. C.S. Lewis, The Screwtape Letters (Nueva York, NY: Macmillan, 1962), p. 3.

Territorialidad: Entonces y ahora

El libro de Apocalipsis contiene el relato más sostenido de guerra espiritual en el nivel estratégico de toda la Biblia. Cuando la trama se perfila aparece un poderoso ser demoniaco personificado por una ramera, tan feroz enemiga del evangelio que está ebria de la sangre de los cristianos perseguidos y martirizados.

Lo que resulta notable es que el apóstol Juan, que llegado a aquella fase de su visión reveladora ya había visto prácticamente de todo, se quedó «asombrado con gran asombro» al contemplarla (Apocalipsis 17.6). Debe haber sido imponente.

Esta ramera de Apocalipsis 17 es con toda probabilidad el espíritu territorial más influyente mencionado en la Escritura. En primer lugar había tenido relaciones sexuales, al parecer de un modo habitual, y había llegado a ser una sola carne con los dirigentes políticos terrenales: los «reyes de la tierra». No se nos dice si esto implica súcubo, pero el lenguaje no excluye tal posibilidad.

Se nos dice que esta perversa y obscena criatura «está sentada sobre muchas aguas» (Apocalipsis 17.1). ¿Y cuáles son esas aguas? «Las aguas que has visto ... son pueblos, muchedumbres, naciones y lenguas» (Apocalipsis 17.15). Aquí tenemos una referencia explícita de un ser espiritual perverso que ha conseguido el más alto nivel de control malicioso sobre diversos tipos de redes sociales humanas. A esta clase de ser le he estado llamando «espíritu territorial».

ESPÍRITUS Y TERRITORIOS

La idea de que a los espíritus se les asignan áreas geográficas, grupos culturales, naciones o —como dice el informe del obispo de Exeter—«campos», no ha recibido mucha atención ni despertado demasiado interés en los eruditos. Hace poco me tomé la molestia de examinar todos los libros del Seminario Teológico Fuller clasificados en el catálogo bajo «angelología» o «demonología», para ver cuántos de esos autores trataban el tema de la territorialidad espiritual. De las 100 obras inspeccionadas, sólo cinco de ellas hacían alguna referencia a los territorios, y de esas cinco únicamente tres trataban un poco los temas, aunque de forma claramente secundaria.

Lo que sí encontré al seguir investigando fueron fragmentos y párrafos de diversos autores en libros ya agotados, publicaciones periódicas, trabajos de investigación, secciones en otros libros, y demás fuentes la mayoría de las cuales no se hallan en la biblioteca del seminario. Reuní 19 de esas fuentes en el libro *Engaging the Enemy* [Comprometiendo al enemigo, Regal Books], del cual he encontrado muchos de utilidad. El interés en el tema de la territorialidad parece ir rápidamente en aumento, por lo menos en aquellos círculos con los que estoy en contacto.

La profesora de Yale Susan Garrett, que enfoca el asunto no tanto como guerrera de oración, sino más bien como erudita en temas bíblicos, resume sus hallazgos en *The Demise of the Devil* [El fallecimiento del diablo]—libro que ya he mencionado antes— diciendo que las tinieblas estaban puestas como un sudario sobre el mundo en que se escribió el Nuevo Testamento. «Las regiones tenebrosas son el reino de Satanás, príncipe de este mundo, quien durante eones se ha sentado parapetado y bien protegido, rodeado por sus muchas posesiones a manera de trofeos. Sus demonios mantienen cautivos a los enfermos y poseídos, y también los paganos están sujetos a su dominio, dándole el honor y la gloria debidos a Dios».[1]

Susan Garrett no sólo menciona a los gentiles como un grupo humano específico, sino que explica asimismo que «Lucas cree que hay poblaciones humanas enteras que han estado durante mucho tiempo bajo la autoridad de Satanás, dándole a él la gloria gustosamente y acatando sus órdenes».[2]

En la actualidad cada vez hay más gente interesada en descubrir el significado de todo esto, y particularmente la aplicación que pueda tener tanto para la evangelización mundial como para el mejoramiento de la sociedad humana. Creo que sería útil mirar un poco más de cerca el tema de la territorialidad entonces —en los tiempos del Antiguo y del Nuevo Testamentos— y ahora, desde el punto de vista de los antropólogos y de los expertos en misiones contemporáneas.

LA TERRITORIALIDAD
EN EL ANTIGUO TESTAMENTO

A lo largo del Antiguo Testamento resulta evidente que los pueblos de aquel entonces —incluso Israel, desgraciadamente, en algunos momentos—consideraban que los dioses, deidades, espíritus o potestades angélicas de varias clases tenían jurisdicción territorial. Un ejemplo prominente de esto es la ardiente aversión que sentía Jehová Dios por los lugares altos. Pasajes tales como Números 33.52, que ordena a los hijos de Israel destruir «todos sus ídolos de piedra, y todas sus imágenes de fundición, y ... todos sus lugares altos» abundan demasiado como para catalogarlos. Como ya indiqué en el capítulo anterior, aquellas piedras, imágenes y lugares altos eran algo más que arte nativo. Muchos de ellos se habían convertido en la morada literal de espíritus demoniacos, llamados más tarde en el Nuevo Testamento principados y potestades.

Algunas de las expresiones más vehementes de la ira de Dios están relacionadas con israelitas que, en vez de destruir los lugares altos, adoraron y sirvieron a los seres demoniacos que ocupaban. Acaz fue uno de ellos, quien «hizo también lugares altos en todas las ciudades de Judá, para quemar incienso a los dioses ajenos, provocando así a ira a Jehová el Dios de sus padres» (2 Crónicas 28.25). ¿Y cuál fue el resultado? «Fueron éstos su ruina, y la de todo Israel» (2 Crónicas 28.23). Vez tras vez Dios tuvo que ejecutar juicio y castigar a Israel por lo que los profetas denominaron adulterio espiritual. Uno de dichos juicios fue la cautividad babilónica.

EL PENTATEUCO

El Pentateuco nos proporciona uno de los textos claves para comprender la territorialidad de los seres espirituales. Forma parte del Cántico de Moisés en Deuteronomio 32.8. Por desgracia su significado está oscuro en la mayoría de las versiones traducidas del hebreo o del texto masorético. Por ejemplo, la versión *Reina-Valera* de 1960, dice:

> Cuando el Altísimo hizo heredar a las naciones,
> Cuando hizo dividir a los hijos de los hombres,
> Estableció los límites de los pueblos
> Según el número de los hijos de Israel.

El problema surge con la expresión «hijos de Israel», que tendría poco que ver con el gobierno de territorios por los espíritus. Sin embargo, eruditos como F.F. Bruce nos explican que gracias a ciertos descubrimientos hechos en los rollos del Mar Muerto que se encontraron en la Cueva número 4 de Qumrán, ahora sabemos que la versión de la Septuaginta, traducción griega del hebreo realizada unos 250 años antes del nacimiento de Cristo, representa con más exactitud el texto original. En vez de decir que Dios estableció los límites de los pueblos según el número de los hijos de Israel, la Septuaginta nos informa que El lo hizo «según el número de los ángeles de Dios». Una crucial diferencia como poco.

F.F. Bruce expresa: «Esta lectura implica que la administración de las diferentes naciones ha sido repartida entre un número correspondiente de potestades angélicas». Y luego pasa a desarrollar esto trasladando sus implicaciones a Daniel 10, donde se menciona al «príncipe de Persia» y al «príncipe de Grecia». Además vincula el asunto con el Nuevo Testamento, diciendo que «en varios lugares, por lo menos algunos de estos gobernadores angélicos se describen como principados y potestades hostiles: los «gobernadores de las tinieblas de este siglo de Efesios 6.12».[3]

Volviendo atrás, de Moisés a Abraham, recibimos más luz acerca de la territorialidad espiritual en tiempos del Antiguo Testamento. Al analizar el contexto espiritual de Ur de los caldeos y de la civilización sumeria de la cual Dios hizo salir a Abraham, el erudito bíblico Don Williams señala que los sumerios estaban dominados por un «panteón de dioses» y «el gobierno centralizado se consideraba como el regalo de ellos, que hacía posible la vida». Un espíritu territorial llamado *Enlil* encabezaba la jerarquía divina, pero gobernaba en consulta con un consejo celestial. «Cada ciudad era propiedad de su dios, y los ciudadanos de la misma esclavos de éste». Abraham fue el primero de ellos que comprendió que Jehová era el Rey de todo el universo.[4] La diferencia entre Dios y los espíritus territoriales comenzaba a aclararse.

LIBROS HISTÓRICOS

Israel estaba en guerra con Siria (Aram) casi 900 años antes de Cristo. Ben-Hadad, el rey sirio, planeaba su estrategia militar y sus consejeros le dijeron que los dioses de los israelitas eran dioses de los montes, mientras que aquellos de los sirios lo eran de las llanuras. Por lo tanto debía disponer las cosas de tal manera que la batalla se llevara a cabo en los llanos (véase 1 Reyes 20.23). Esto demuestra que los sirios consideraban que los espíritus gobernadores tenían, si no jurisdicción territorial por lo menos topográfica. Nada en este pasaje, ni en el resto del Antiguo Testamento, contradice su idea de que los espíritus territoriales gobernaran áreas geográficas determinadas. Se supone que estaban en lo cierto. Su gran error era el que consideraban a Jehová Dios simplemente como un espíritu territorial más.

Por esto Dios levantó entonces a un profeta para decirle a Acab, rey de Israel: «Por cuanto los sirios han dicho: Jehová es Dios de los montes, y no Dios de los valles, yo entregaré toda esta gran multitud en tu mano, para que conozcáis que yo soy Jehová» (1 Reyes 20.28). ¡La batalla resultó ser de un solo día! Los israelitas, en inferioridad numérica, mataron a 100.000 soldados sirios en una única jornada, demostrando en forma terminante que Jehová era Dios de los montes, de los valles y, si vamos a ello, del universo entero.

> *Gran parte del Antiguo Testamento se basa en la suposición de que ciertos seres espirituales ejercen dominio sobre esferas geopolíticas.*

Uno de los tratamientos más detallados de la naturaleza territorial de los «dioses» paganos lo encontramos en 2 Reyes 17. Israel estaba muy mal espiritualmente y se edificaron «lugares altos en todas sus ciudades» (2 Reyes 17.9) asimismo «levantaron estatuas e imágenes de Asera en todo collado alto y debajo de todo árbol frondoso» (2 Reyes 17.10), provocando al Señor a ira porque «servían a los ídolos, de los cuales Jehová les había dicho: Vosotros no habéis de hacer esto» (2 Reyes 17.12). Y por si ello no fuera suficientemente malo, «adoraron a todo el ejército del cielo», sirvieron a Baal, sacrificaron a sus hijos al dios del fuego y practicaron la brujería (ver 2 Reyes 17.16, 17). Dios reaccionó decisivamente «y los quitó de delante de su rostro» (2 Reyes 17.18), por lo cual los asirios entraron en su tierra y pusieron en ella colonos de muchas naciones.

Los nuevos inmigrantes también importaron sus espíritus y fabricaron imágenes y santuarios apropiados para personificarlos. Los espíritus en cuestión tenían nombres específicos, y se nos dice que los colonos procedentes de Babilonia hicieron a *Sucotbenot*, los de Cuta hicieron a *Nergal* y los de *Hamat* hicieron a *Asima*, los aveos hicieron a *Nibhaz* y a *Tartac*, y los de *Sefarvaim* quemaban a sus hijos en el fuego para adorar a *Adramelec* y *Anamelec* (2 Reyes 17.29-31). No hay duda de que cada grupo étnico se consideraba bajo la influencia directa de un principado específico cuyo nombre y cuyas costumbres conocían bien, y a quien estaban sometidos.

LOS PROFETAS

En una palabra dada al profeta Jeremías contra Babilonia y la tierra de los Caldeos, Dios declaró: «Tomada es Babilonia, Bel es confundido, deshecho es Merodac; destruidas son sus esculturas, quebrados son sus ídolos» (Jeremías 50.2, 3). La palabra «Bel» o «Baal» es un nombre genérico que significa «Señor», y aquí se aplica a *Merodac* como *Señor Merodac*. Este era el «dios estatal de Babilonia»[5] o el espíritu territorial de más alto rango sobre aquella nación.

En el capítulo 3 mencioné ese pasaje aclaratorio de Daniel 10 donde se nombran específicamente al «príncipe de Persia» y al «príncipe de Grecia». No es necesario repetir aquí los detalles, basta con reiterar el concepto de territorialidad. Los eruditos del Antiguo Testamento Keil y Delitzsch llegan a la conclusión de que el «príncipe de Persia» es en realidad el demonio del reino persa. Se refieren a él como «el poder espiritual sobrenatural detrás de los dioses nacionales, al que podemos llamar propiamente el espíritu guardián del reino».[6]

En resumen, sin proporcionar muchos detalles, parece ser que gran parte del Antiguo Testamento se basa en la suposición de que ciertos seres espirituales ejercen dominio sobre esferas geopolíticas. Y no sólo eso, sino que es importante resaltar que estos conceptos pasaron a través del período intertestamentario al pueblo judío de la época del Nuevo Testamento. Oscar Cullman dice: «Esta creencia judía posterior, abundantemente confirmada, de que todos los pueblos son gobernados mediante ángeles, está presente de un modo particular, en *El libro de Daniel*, en *La sabiduría de Jesús, Hijo de Sirac* y en *El Libro de Enoc*, y también se puede encontrar en el *Talmud* y la *Midrash* ... El poder político terrenal existente se ejerce en la esfera de esas potestades angélicas».[7]

EL NUEVO TESTAMENTO

Empecé este capítulo citando la ramera de Apocalipsis 17, que constituye el ejemplo más explícito que he encontrado en el Nuevo Testamento de un espíritu demoniaco con dominio sobre naciones y pueblos. La conclusión de Susan Garrett, en su detallado estudio de los escritos de Lucas, es que «Lucas considera a Satanás como un ser poderoso que tiene bajo su autoridad a gran parte del mundo. El controla a los individuos mediante la enfermedad y la posesión demoniaca, y tiene dominio sobre reinos enteros cuyos habitantes viven en las tinieblas de la idolatría adorándolo y dándole la gloria sólo debida a Dios».[8]

Es obvio que Satanás tiene control sobre los reinados. Cuando Jesús fue tentado en el desierto Satanás mostrándole todos los reinos de este mundo le dijo: «Todo esto te daré, si postrado me adorares». (Mateo 4.9).

LOS PRINCIPADOS Y LAS POTESTADES

Durante décadas, desde la Segunda Guerra Mundial y las atrocidades nazis, los teólogos han discutido entre sí sobre las implicaciones de Efesios 6.12: «Porque no tenemos lucha contra sangre y carne, sino contra principados, contra potestades...» ¿De qué manera exacta se relacionan diariamente los principados y las potestades espirituales con la carne y la sangre como son las naciones o los gobiernos humanos? ¿Sería posible que hubiera en realidad fuerzas espirituales dirigiendo los asuntos de los hombres? Y en tal caso... ¿cuál es su naturaleza? Algunos de los nombres más importantes asociados con este debate son G.B. Caird, Markus Barth, Heinrich Schlier, Richard Mouw, John Howard Yoder y Hendrik Berkhof. Uno de los más influyentes en nuestros días es Walter Wink.

Las estructuras sociales, como los seres humanos endemoniados, pueden ser liberadas de la opresión demoniaca mediante la oración de guerra... la historia pertenece a los intercesores.

Aunque Walter Wink y yo tal vez no veamos exactamente igual la naturaleza de esas fuerzas espirituales, sí concordamos en que algo perverso, que no puede explicarse simplemente con analizar la naturaleza humana —por depravada que ésta sea— o mediante la aplicación de los principios sociológicos, está actuando a través de la sociedad. Wink argumenta que los cristianos primitivos concebían que cada «nación, tribu, pueblo y lengua» estaba «presidida por una potestad espiritual».[9]

El cita, al igual que lo he hecho yo, Deuteronomio 32.8, 9 y Daniel 10, los cuales, según dice, «proporcionan el cuadro más completo de la Biblia de esos ángeles y de las naciones».[10] Aunque Wink no utiliza el término «oración de guerra», está de acuerdo en que la oración es nuestra mayor arma espiritual, y afirma: «Este nuevo elemento en la oración —la resistencia de las potestades a la voluntad de Dios— da decisivamente al traste con la idea de que Dios es la causa de todo lo que sucede... La oración nos cambia a nosotros, pero cambia también lo que es posible para Dios».[11] Una de sus afirmaciones clásicas es que «la historia pertenece a los intercesores».[12] Estoy totalmente de acuerdo.

En cuanto a la naturaleza de las potestades, Wink no cree que sean seres celestiales trascendentes, sino más bien «la verdadera espiritualidad interna del ente social en cuestión».[13] Por su parte, Ronald Sider, del Seminario Bautista del Este, considera que dichas potestades se refieren «tanto a las estructuras sociopolíticas de la sociedad humana como a las fuerzas espirituales invisibles que subyacen a las mismas, están detrás de ellas y de alguna manera misteriosa ayudan a modelarlas».[14]

Aunque respeto profundamente el trabajo de estos eruditos y concuerdo con su deseo de desenmascarar a las potestades invisibles que hay tras las estructuras visibles, ya he dejado claro hasta aquí que mi postura es que los principados y las potestades son, para ser muy específico, espíritus malos o demonios.

Estoy de acuerdo con Leon Morris, que afirma que no podemos comprender claramente el concepto que tenía Pablo de la obra salvadora de Cristo «a menos que la contemplemos contra el telón de fondo del mal y de la futilidad que hay en este mundo, un mundo poblado por malos espíritus y por gente mala».[15]

Al decir esto, quiero afirmar mi conformidad con Wink, Sider y los otros en cuanto a que las mismas estructuras sociales pueden considerarse como controladas por demonios. Pero según mi modo de pensar éstas son simplemente las entidades visibles que las fuerzas invisibles demoniacas están utilizando para sus propios fines de un modo bastante parecido a como harían con un ídolo —aunque el ídolo no sea sino un pedazo de madera o de piedra.

Una persona endemoniada no es en sí alguien diabólico, sino más bien la víctima de una poderosa fuerza demoniaca. Del mismo modo, las estructuras sociales no constituyen, en sí mismas, algo del diablo, pero pueden estar —y a menudo lo están— controladas por algunas personalidades demoniacas sumamente perniciosas y dominantes a las que yo llamo espíritus territoriales.

La visión por la que abogo permite por lo menos una teología de la esperanza y abre la posibilidad de que las estructuras sociales, al igual que los seres humanos endemoniados, puedan ser liberados de la opresión demoniaca mediante la oración de guerra. Esta es la razón por la cual creo que la historia pertenece a los intercesores.

ARTEMISA DE LOS EFESIOS

La hipótesis de que el choque de poder de Pablo con el brujo Barjesús, o Elimas, en Chipre implicaba a un espíritu territorial, sería defendible. Sin embargo, no se nombra a dicho espíritu y no hay nada específico en el texto que pudiera imponer o negar tal conclusión (véase Hechos 13.6-12). Esa es también la situación cuando Pablo echó al espíritu de adivinación de la chica esclava en Filipos (véase Hechos 16.16-24). Tengo la fuerte sospecha de que se trataba de un espíritu territorial, pero no hay pruebas concluyentes para afirmarlo.

La historia del ministerio de Pablo en Efeso es distinta. Aquí sí tenemos el nombre del espíritu gobernante: *Diana* (su nombre romano) o *Artemisa* (su nombre griego) de los efesios.

Clinton E. Arnold, de la Facultad de Teología Talbot, es un erudito del Nuevo Testamento que se ha especializado en el libro de Efesios y que nos ayuda a comprender las implicaciones de guerra espiritual que tiene la epístola. Arnold se lamenta: «Pocos especialistas en el Nuevo Testamento han hecho referencia al culto de Artemisa como un dato importante en el trasfondo de Efesios, y menos aún como algo a tener en cuenta en la enseñanza de las 'potestades' hostiles».[16] Clinton E. Arnold piensa que intentar comprender el tema de los principados y las potestades de Efesios sin referirse al culto de Artemisa es una equivocación.

Una de las razones por las que concuerdo con Arnold es que los dirigentes de la ciudad de Efeso se sintieron tan inquietos con el ministerio del apóstol que temieron que el templo de la diosa Diana sería despreciado y su magnificencia destruida (véase Hechos 19.27). Ellos alardeaban de que «toda Asia, y el mundo entero» la adoraban (v. 27), y el escribano proclamó: «¿Quién es el hombre que no sabe que la ciudad de los efesios es guardiana del templo de la gran diosa Diana, y de la imagen venida de Júpiter?» (Hechos 19.35). La investigación histórica de Clinton Arnold confirma que Artemisa era adorada en Colosas, Laodicea, Hierápolis y toda Asia.

El poder de Artemisa era imponente. Arnold explica: «Una característica indiscutible de la Artemisa efesia es el insuperado poder cósmico que se le atribuía». Y sigue diciendo que, debido a sus poderes supranaturales, «podía mediar entre sus seguidores y el hado cruel que los asediaba». La llamaban «Salvador», «Señor» y «Reina del Cosmos», llevaba alrededor de su cuello los signos del zodíaco y «poseía una autoridad y un poder superiores a los del hado astrológico».[17]

LA LIBERACIÓN DEL PODER EVANGELÍSTICO

Creo que no nos equivocaremos mucho si consideramos a Artemisa de los efesios como un espíritu territorial y comprendemos la posible relación que tuvo el debilitarla a ella con la evangelización del territorio que dominaba.

Ciertamente, en Efeso «crecía y prevalecía poderosamente la palabra del Señor» (Hechos 19.20). No sólo surgió allí una iglesia vigorosa, sino que aquella ciudad llegó a ser un centro evangelístico para toda la región, hasta el punto de que «todos los que habitaban en Asia, judíos y griegos, oyeron la palabra del Señor Jesús» (Hechos 19.10).

Algunas fuentes históricas de la época, aparte de la Biblia, revelan también la creencia de los cristianos primitivos acerca de Artemisa. Arnold cita de *Los Hechos de Andrés* un texto que habla de que había una multitud de demonios en una roca cercana a la estatua de la diosa.[18]

Ramsay MacMullen, historiador de Yale, considera gran parte de la cristianización del imperio romano como un choque de poder entre el cristianismo y las fuerzas demoníacas internas del imperio.

MacMullen extrae de *Los Hechos de Juan* uno de los enfrentamientos acaecidos, que implica a Artemisa. Presuntamente, y al contrario que el apóstol Pablo, Juan habría entrado en el mismo templo de Artemisa para librar una guerra espiritual en el nivel estratégico. Según se cuenta, él habría hecho la siguiente oración de guerra: «Oh Dios ... ante cuyo nombre todo ídolo huye y también todos los demonios y los poderes inmundos. ¡Que el demonio que está aquí salga ahora en tu nombre!» En ese mismo momento, sigue diciendo el relato, el altar de Artemisa se partió en trozos y la mitad del edificio se derrumbó.[19]

La historia nuevamente indica que esto tuvo un efecto directo sobre la evangelización. *Los Hechos de Juan* registran que, como resultado de aquel choque de poder efectuado por Juan, los efesios dijeron: «Nos convertimos ahora que hemos visto tus obras maravillosas». El estudio de Clinton Arnold, por su parte, señala: «La afluencia y la expansión del cristianismo produjo con el tiempo la extinción del culto de la Artemisa Efesia».[20]

TERRITORIALIDAD
AHORA SEGÚN LA ANTROPOLOGÍA

A medida que el campo de la antropología cultural se ha ido desarrollando en nuestro siglo, un número cada vez mayor de científicos, tanto cristianos como no cristianos, han empezado a darse cuenta de que no es posible comprender plenamente el estilo de vida, los valores y los patrones de conducta de amplios segmentos de la población mundial sin reconciliarse con su visión sobrenaturalista de la vida. El antropólogo Charles H.

Kraft, del Seminario Fuller, nos ha ayudado a comprender bien esto en su extraordinario libro *Christianity with Power* [Cristianismo con poder].

Kraft argumenta que los occidentales dividimos el mundo en «natural» y «sobrenatural» y luego procedemos a descuidar lo sobrenatural. Incluso los cristianos, explica, «afirmamos dar por sentado que Dios está implicado en todas nuestras actividades diarias, y sin embargo con frecuencia basamos nuestro razonamiento y nuestra conducta en suposiciones naturalistas casi tanto como lo hacen nuestros vecinos y amigos no cristianos».[21] Esto tiende a oscurecer nuestro entendimiento de la gran mayoría de pueblos de la tierra para quienes lo sobrenatural está muy presente en la vida cotidiana.

Jacob Loewen es al mismo tiempo antropólogo y consejero de traducción bíblica, y considera que el Antiguo Testamento supone claramente la territorialidad de los espíritus demoniacos, llamados a menudo «deidades» Loewen cita, entre otros, al profeta Oseas, quien reprendía continuamente a Israel por pensar como los paganos y considerar a Jehová como un espíritu territorial en vez de como el Señor soberano de todo el universo. Luego dice:

«La situación descrita en el libro de Oseas es muy parecida a aquella que presentábamos de África, donde los conquistadores se sintieron obligados a aceptar a los dioses de los conquistados porque estas últimas deidades controlaban la tierra».[22]

Loewen cuenta que en América Central y Sudamérica se considera a los espíritus como los «propietarios» de los accidentes geográficos o topográficos. Los indios nómadas nunca viajan de un territorio a otro sin asegurarse primero el permiso del espíritu territorial que domina el área en la cual se preparan a entrar. «La gente nunca posee la tierra —dice Loewen—, sólo la utiliza con permiso de sus verdaderos propietarios espirituales quienes, en un sentido, los 'adoptan' a ellos».[23]

Cuando el antropólogo David Lan empezó a estudiar la guerra de guerrillas en Zimbabwe, se dio cuenta de que estaba muy relacionada con la actividad de los médiums espiritistas. Aquellos médiums se hallaban poseídos por los *mhondoro*, supuestamente espíritus de jefes muertos cada uno de los cuales «dominaba sobre un territorio específico que había conquistado o que le había sido regalado estando aún con vida». El los llama «provincias espirituales», y dice de aquella región que estaba estudiando: «Cada centímetro cuadrado forma parte de una u otra provincia espiritual».[24]

Aunque como antropólogo secular no intenta buscar aplicaciones bíblicas a su estudio, Lan por lo menos nos proporciona alguna base para creer que la cartografía espiritual puede tener validez tanto para la sociología como para la evangelización mundial.

TERRITORIALIDAD EN MÉXICO

Uno de los mejores estudios sobre la territorialidad espiritual en un campo de misión es el realizado por Vernon J. Sterk, que ha servido como misionero de la Iglesia Reformada de América durante veinte años entre los indios tzotziles, del sur de México. Sterk dice que cada una de las tribus tzotziles puede identificar por nombre deidades tribales específicas. También conocen los nombres de los espíritus malos a los que se les han asignado diversas clases de actividades perversas. Saben, por ejemplo, que *Yajval Balamil* controla la enfermedad, *Poslom* ataca a la gente con hinchazones nocturnas y los *J'ic'aletic* son saqueadores y violadores.[25]

Sterk dice que tanto los espíritus malos como los espíritus guardianes de los tzotziles «tienen denominaciones y tareas territoriales», y comenta: «El poder de esos espíritus está limitado a una cierta área geográfica, aunque el ámbito de los espíritus malos parece ser mayor que el de los espíritus guardianes o de los antepasados».[26] Cuando el espíritu territorial es fuerte, por lo general obliga a los cristianos recién convertidos a salir del mismo. Y muchos tzotziles no abandonan su territorio por miedo a perder la protección de su espíritu guardián que no puede salir con ellos.

Vernon Sterk representa a un número cada vez mayor de misioneros que están empezando a ver que la verdadera batalla por la evangelización de sus regiones es espiritual. Aunque se lamenta de no haber sido nunca adiestrado para la guerra espiritual a nivel estratégico, tiene la mirada puesta en el futuro y no en el pasado, y cree que la oración de guerra producirá un cambio en la cosecha espiritual entre los tzotziles.

También habla por muchos de nosotros cuando dice con bastante franqueza: «Me gustaría poder decir que hemos tomado autoridad sobre esos espíritus en el nombre de Jesús y que el crecimiento está siendo fantástico. Pero ni nosotros, los misioneros, ni los expulsados cristianos zinacantecos habíamos considerado jamás este concepto de espíritus territoriales. Nunca hemos hecho otra cosa que oraciones generales contra el poder de Satanás en Nabenchauc, y el crecimiento de la iglesia ha sido por lo general lento y vacilante».[27]

Mi deseo es que Vern Sterk y miles de misioneros y evangelistas como él, con un corazón que late por la evangelización mundial, aprendan a hacer la oración de guerra de tal forma que produzcan un cambio mensurable en la extensión del reino de Dios por toda la tierra.

PREGUNTAS PARA REFLEXIONAR

1. ¿Le parece extraño que los teólogos del pasado no hayan prestado mucha atención a los espíritus territoriales? ¿Por qué?

2. Este capítulo da varios ejemplos de espíritus conocidos que gobernaban sobre determinadas áreas en los días del Antiguo Testamento, ¿Cuántos otros podría aportar usted?

3. ¿Cuál era el problema que había detrás del hecho de que los israelitas consideraran a Jehová Dios como un espíritu territorial? ¿Hay algún peligro de ello actualmente?

4. ¿Piensa usted que estructuras sociales tales como gobiernos o industrias pueden estar controladas por demonios? ¿Qué ejemplos podría dar de ello basándose en su conocimiento o experiencia?

5. ¿Cree usted que es válida la información que descubren los antropólogos entre diferentes pueblos de la tierra? ¿Conocen algunos pueblos «primitivos» más acerca del mundo espiritual que la mayoría de nosotros?

Notas
1. Susan R. Garrett, The Demise of the Devil (Minneapolis, MN: Fortress Press, 1989), p. 101.
2. Ibid., p. 40.
3. F.F. Bruce, The Epistle to the Hebrews (Grand Rapids, MI: Wm. B. Eerdmans Publishing Co., 1964), p. 33.
4. Don Williams, Signs, Wonders and the Kingdom of God (Ann Arbor, MI: Vine Books, Servant Publications, 1989), p. 35.
5. Interpreter's Dictionary of the Bible (Nashville, TN: Abingdon Press, 1962), Vol. 1, p. 376

6. C.F. Keil, Biblical Comentary on the Book of Daniel (Grand Rapids, MI: Wm. B. Eerdmans Publishing Co., 1949), p. 416.
7. Oscar Cullman, "The Subjection of the Invisible Powers", Engaging the Enemy. C. P8. Peter Wagner, ed. (Ventura, CA: Regal Books, 1991), p. 195.
8. Garrett, The Demise of the Devil, p. 43.
9. Walter Wink, Unmasking the Powers (Filadelfia, PA:Fortress Press, 1986), p.88.
10. Ibid, p. 89.
11. Ibid., p. 91.
12. Walter Wink, "Prayer and the Powers", Sojourners, octubre 1990, p. 10.
13. Wink, Unmasking the Powers, p. 88.
14. Ronald J. Sider, Christ and Violence (Scottdale, PA: Herald Press, 1979), p. 50.
15. Leon Morris, New Testament Theology (Grand Rapids, MI: Academie Books, Zondervan Publishing House, 1986), p. 66.
16. Clinton E. Arnold, Ephesians: Power and Magic (Cambridge, England: Cambridge University Press, 1989), p. 27.
17. Ibid., p. 21
18. Ibid., p. 27.
19. Ramsay MacMullen, Christianizing the Roman Empire, A.D. 100-400 (New Haven, CT: Yale University Press, 1984), p. 26.
20. Arnold, Ephesians, p. 28.
21. Charles H. Kraft, Christianity with Power (Ann Arbor, MI: Vine Books, Servant Publications, 1989), p. 27.
22. Jacob Loewen, "Which God Do Missionaries Preach?", Engaging the Enemy. C. Peter Wagner, ed., (Ventura, CA: Regal Books, 1991), p. 173.
23. Ibid., p. 169.
24. David Lan, Guns and Rain: Guerrillas and Spirit Mediums in Zimbabwe (Berkeley: University of California Press, 1985), p. 34.
25. Vernon J. Sterk "territorial Spirits and Evangelization in Hostile Environments", Engaging the Enemy, C. Peter Wagner, ed., (Ventura, CA: Regal Books, 1991), p. 149.
26. Ibid., pp. 149-150.
27. Ibid., pp. 155-156.

CAPÍTULO SEIS

El adiestramiento de los guerreros

Cuando los jóvenes se alistan en la marina, su primera parada es el campo de instrucción. Allí reciben un adiestramiento básico intensivo dirigido a hacerles pasar de la vida civil a la militar. El propósito principal del campo de instrucción es formar el carácter que sostendrá a un marino en las situaciones críticas del combate. Esto se lleva a cabo, en parte, mediante una disciplina física agotadora concebida para desarrollar tanto los músculos como el nervio del soldado. Pero más importante todavía es la preparación sicológica necesaria para asegurar que cada marinero crea en la misión de la Infantería de Marina, adquiera valor y autodisciplina, y esté plenamente preparado para someterse a la autoridad y obedecer a las órdenes sin hacer preguntas.

Sin ese adiestramiento básico del campo de instrucción, los marineros jamás ganarían una batalla y mucho menos una guerra.

EL CAMPO DE INSTRUCCIÓN ESPIRITUAL

La instrucción básica también se aplica a los cristianos que desean librar la guerra espiritual. Hay demasiados creyentes que quieren participar en la acción sin haberse sometido primero a esa disciplina necesaria para equipar a un guerrero para el combate. Y en la medida que lo hacen, quedan expuestos a serios ataques personales y corren el riesgo de traer descrédito al cuerpo de Cristo.

La guerra espiritual debe concebirse como una acción integrada por dos movimientos simultáneos: el uno hacia arriba y el otro hacia fuera. Algunos los llaman «hacia Dios» y «hacia Satanás». En un libro que ha llegado a ser un clásico cristiano, *Quiet Talks on Prayer*, [Pláticas silenciosas en la oración] S.D. Gordon señalaba, a principios de siglo, que «la oración es cosa de tres». En primer lugar tiene que ver con Dios, a quien oramos; luego, con la persona que hace la oración; y, por último, implica al maligno, contra quien se ora. «El propósito de la oración —dice Gordon— no es convencer a Dios o influir en sus decisiones, sino unir nuestras fuerzas con El en contra del enemigo». El unirnos con Dios y hacer frente al diablo es esencial en la oración. «El verdadero esfuerzo no se realiza hacia Dios, sino hacia Satanás» —explica Gordon.[1]

Aunque nuestro objetivo en la guerra espiritual es unirnos a Dios para derrotar al enemigo, jamás debemos olvidar que nosotros, por nosotros mismos, no tenemos ningún poder para vencer a este último. «No con ejército, ni con fuerza, sino con mi Espíritu, ha dicho Jehová de los ejércitos» (Zacarías 4.6). El principio aquí es que resulta muy peligroso intentar avanzar demasiado hacia delante sin habernos movido antes lo suficiente hacia arriba. El movimiento hacia arriba constituye la enseñanza del campo de instrucción espiritual, mientras que el avance hacia delante es la batalla misma. Al igual que pasa con los marineros, no se puede ganar el combate sin haber hecho primero el período de instrucción.

A mí me resulta útil conceptuar lo que estoy diciendo por medio de un sencillo diagrama en el que he numerado arbitrariamente las escalas vertical y horizontal del 1 al 10. Aunque estos números sean muy subjetivos, el mejor consejo que puedo dar en cuanto a la guerra espiritual es asegurarse, en todo momento, de que se está obteniendo una mejor puntuación vertical que horizontal.

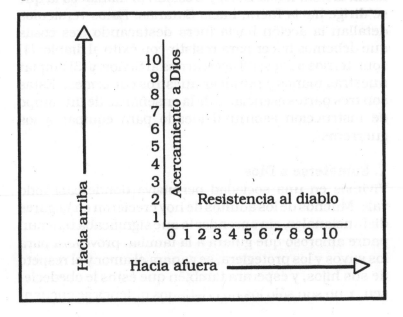

Este capítulo trata de la escala vertical del diagrama: nuestra propia instrucción espiritual básica. El resto del libro describirá con cierto detalle nuestro plan de combate y lo que significa moverse hacia Satanás. Pero el orden no puede invertirse: hemos de mirar primero hacia Dios.

LA ENSEÑANZA DE SANTIAGO

Un pasaje central para entender la relación existente entre las direcciones hacia arriba y hacia fuera es Santiago 4.7, 8:

Someteos, pues, a Dios; resistid al diablo, y huirá de vosotros. Acercaos a Dios, y él se acercará a vosotros. Pecadores, limpiad las manos; y vosotros los de doble ánimo, purificad vuestros corazones.

En el versículo 7, «someteos a Dios» es la relación hacia arriba, hacia Dios; y «resistid al diablo» es la que se dirige hacia fuera, hacia Satanás. Estos versículos detallan la acción hacia fuera destacando tres cosas que debemos hacer para resistir con éxito al diablo: (1) someternos a Dios; (2) acercarnos al Señor; y (3) limpiar nuestras manos y purificar nuestros corazones. Estas son tres partes esenciales de la enseñanza de un campo de instrucción espiritual ideado para equipar a los guerreros.

1. Someterse a Dios

Vivimos en una sociedad permisiva donde casi todo vale. Muchos de los adultos de hoy crecieron en hogares disfuncionales, sin aprender lo que significaba tener un padre amoroso que guiara a la familia, proveyera para los suyos y los protegiera, se ganara el amor y el respeto de sus hijos, y esperara también que éstos le obedeciesen. Y no son sólo los no cristianos quienes se encuentran en esa situación, también a algunos cristianos les cuesta trabajo identificarse con el mandamiento «Honra a tu padre y a tu madre» y con la amonestación bíblica de «Hijos, obedeced en el Señor a vuestros padres, porque esto es justo» (Efesios 6.1). A menudo, hoy en día, la rebelión parece ser una actitud más popular que la lealtad.

Los cristianos que jamás se sometieron voluntariamente a un padre natural, tienen con frecuencia dificultad para someterse a su Padre que está en los cielos. Buscan a Dios para que les dé amor, cariño, perdón y sanidad; pero retroceden ante sus demandas de obediencia y compromiso. Jamás se han reconciliado con la idea de que «Jesús es Señor». En la sociedad del primer siglo, cuando se escribió el Nuevo Testamento, nadie tenía la menor duda en su mente de que a un señor había que obedecerle sin protestar. Los cristianos que no están dispuestos a obedecer a Dios incondicionalmente no se hallan más preparados para la guerra espiritual que un marinero que se niega a cumplir las órdenes de sus superiores.

La Biblia utiliza un lenguaje bastante fuerte cuando se trata de la obediencia. ¿Cómo sabemos que conocemos a Dios? «En esto sabemos que nosotros le conocemos, si guardamos sus mandamientos» (1 Juan 2.3). El Nuevo testamento no permite una separación artificial entre el amar a Dios por un lado y el someterse a El como a un amo por el otro —como muchos creyentes desearían que fuese en la actualidad—, sino que dice claramente: «Pues este es el amor a Dios, que guardemos sus mandamientos» (1 Juan 5.3).

> ***Nuestra vida de oración personal es el principal barómetro para medir la calidad de nuestra relación con Dios.***

El someterse a Dios es la primera lección en el campo de instrucción espiritual.

2. Acercarse a Dios

La segunda lección consiste en acercarnos a Dios. Esto tiene que ver con nuestra vida de oración personal. La oración en general es un amplio tema con muchas facetas sumamente importantes, pero ninguna hay más valiosa para un cristiano que quiera tomar parte en la guerra espiritual de un modo efectivo que la oración personal.

¿Y por qué es tan importante la oración personal? Nuestra vida de oración personal es el principal barómetro para medir la calidad de nuestra relación con Dios. Estoy de acuerdo con John Wimber cuando dice que «la intimidad con Dios en la oración es una de las principales metas de la vida cristiana». Jesús nos da el ejemplo. El mundo sabía que Jesús era auténtico porque sólo hacía lo que veía hacer al Padre (Juan 5.19). Wimber pregunta: «¿Y por qué es nuestra meta la intimidad con Dios?» A lo que responde perspicazmente que sólo manteniendo una íntima relación con el Padre «experimentamos perdón, renovación y poder para una vida recta. Únicamente en esa estrecha relación con Dios podemos oír su voz, conocer su voluntad y comprender su corazón»[2]

Le guste o no, el acercarse a Dios requiere tiempo. Si

estamos motivados para orar, el primero y el más importante de los actos de autodisciplina que se precisan es apartar períodos específicos para ello. Una vez que ha presupuestado usted el tiempo, se pone en acción una especie de ley de Parkinson espiritual, y la oración tiende a expandirse hasta llenar todo el tiempo disponible. Aquellos que no separan tiempo, particularmente los que racionalizan su renuencia a hacerlo con la excusa de que «oran sin cesar», por lo general acaban orando muy poco.

Una de las razones por las cuales algunas personas no dedican mucho tiempo a la oración es porque no disfrutan de ella.

Mi hija Ruth aborrecía lavar los platos cuando estaba en casa. Era divertido para mí observar, a lo largo de los años, como las cosas que demandaban infinitamente más de su tiempo, y de una manera urgente y decisiva, venían justo después de terminar de cenar. Puesto que no le gustaba en absoluto lavar los platos, siempre había algo más prioritario que exigía su tiempo.

Muchos cristianos tienen la misma actitud hacia la oración personal. Siempre parece haber para ellos alguna cosa más urgente que hacer. Su tiempo para orar es escaso porque otras actividades tienen prioridad sobre ellos. Algunos llegan a declarar incluso que «la oración es un trabajo arduo». Me cuesta trabajo entender esto si la esencia de la oración es realmente una relación de intimidad con el Padre. Sería como decir: «Pasar tiempo con mi esposa, Doris, es un trabajo arduo». Jamás lo diría, por dos razones: primera porque no es arduo en absoluto, sino puro gozo; y segunda, que si lo dijera ella lo tomaría como un insulto, y con razón. ¿Acaso no tomará Dios una actitud como esa también como un insulto?

Disfrutar de la oración

¿Cómo puede convertirse la oración personal en algo más agradable?

Me propongo escribir más acerca de la plegaria personal en otro libro de la presente serie sobre la oración, pero ya que desarrollar hábitos robustos en este campo es tan esencial para la preparación dé los guerreros espirituales para la batalla, mencionaré brevemente cinco principios que le ayudarán mucho si desea disfrutar más de la oración:

• *El lugar.* Busque un sitio cómodo y tranquilo para convertirlo en su lugar habitual de oración. El estar en un ambiente agradable y conocido le hará entrar antes en una actitud de comunión con Dios. Para que le ayude a relajarse tome consigo una taza de café o un vaso de jugo. No hay nada malo en sentirse bien cuando uno está orando.

• *El tiempo.* Estoy de acuerdo con Larry Lea en que una meta de tiempo razonable a largo plazo para la oración diaria es una hora. También comprendo que para muchos este será un objetivo para toda la vida el cual jamás alcanzarán de manera regular. Si está usted comenzando desde cero utilice objetivos a corto plazo y vaya aumentando el tiempo gradualmente. Si esto le parece muy difícil, intente empezar con cinco minutos y luego amplíelos a diez. En mi opinión, cinco minutos todos los días es mucho más valioso que quince cada tres días; aunque tanto lo uno como lo otro lo consideraría claramente inadecuado para la guerra espiritual a nivel estratégico.

• *La actitud.* Concéntrese en hacer de su tiempo de oración una relación personal con Dios. Me gusta lo que dice el pastor John Bisagno: «La oración es una conversación, una unión, un entretejerse de dos personalidades. Dios habla conmigo y yo con Él». Muchos de nosotros precisaremos de cierto esfuerzo y experiencia para que esto suceda, ya que no estamos acostumbrados a escuchar a Dios. Bisagno dice: «Esperar en Dios no es un mero pasar el tiempo en abstracto, sino un ejercicio espiritual definido durante el cual, después de haberle hablado usted a Dios, es Él quien le habla a usted».[3] Pocas cosas harán más agradable la oración que el oír a Dios hablándole. Algunos expertos en ello toman incluso notas de lo que Él les dice y llaman a esto «llevar el diario».

• *El formato.* Recomiendo encarecidamente el uso del Padrenuestro como formato diario para todo el tiempo de oración. Este consejo se ha dado a menudo desde la época de Martín Lutero. En cuanto a manuales de oración modernos, el que mejor me parece es *Could You Not Tarry One Hour?*, [¿No podrías tardar una hora?] de Larry Lea (Creation House).

• *La calidad.* La experiencia demuestra que la calidad de la oración es por lo general resultado de su cantidad, y no viceversa. Mientras desarrolla su vida de oración personal no se preocupe en demasía por la somnolencia o porque a veces se encuentre soñando despierto. La calidad llegará con el tiempo. Una vez oí decir a Mike Bickel, que si uno aparta sesenta minutos para la oración, puede conseguir cinco buenos minutos; pero luego esos cinco se convierten en diez; más tarde en veinte... y la calidad aumenta.

• *El ayuno.* De tanto en tanto, cuando los discípulos de Jesús tenían problemas tratando de echar fuera demonios, Él había de enseñarles que ciertos tipos solo salen mediante ayuno y oración (véase Mateo 17.21). Y en nuestro caso, así como nos es necesario el acercarnos a Dios por medio de la oración, también lo es hacerlo a través del ayuno. Parte del adiestramiento del campo de instrucción consiste en aprender a ayunar.

Muchos de los que leen este libro serán ayunadores experimentados y practicantes. Esta sección no es para ellos, sino para los que se están preguntando cómo empezar a hacerlo.

Aunque hay muchas clases de ayunos, el más corriente, y el que recomiendo para empezar, es abstenerse de comida, pero no de bebida por un período de tiempo determinado. En cuanto a la bebida, todo el mundo está de acuerdo en que el agua es fundamental. Algunos añaden a ésta café o té, y otros jugos de frutas. Pero todos concuerdan en que un batido de leche por ejemplo, es demasiado y no respeta el espíritu del ayuno.Como sea, ayunar constituye una práctica intencional de negación de uno mismo, y esta disciplina espiritual ha sido reconocida a lo largo de los siglos como un medio de abrirnos a Dios y de acercarnos a El.

Yo creo que el ayuno debería practicarse tanto de forma regular como esporádica, según se precise o se acuerde. Personalmente soy sólo un principiante, de modo que he decidido disciplinarme a no comer nada entre la cena del martes y la comida del mediodía del miércoles. He descubierto que esto no es difícil de hacer. La peor parte fue tomar la decisión de hacerlo. Este es mi ayuno regular y ha quitado de mí toda retinencia en cuanto a esa práctica. Con esta base, los ayunos ocasionales más largos me resultan mucho más fáciles. Hace algún tiempo, por ejemplo, me invitaron a un retiro en el que habíamos de orar y ayunar todo el día y gracias al hábito que había adquirido no tuve ningún problema en hacerlo.

Algunas veces no animamos a ayunar a otros miembros del cuerpo de Cristo porque recordamos la reprensión de Jesús a los fariseos que pecaban haciendo un alarde público del ayuno (véase Mateo 6.16-18). Sólo porque debamos ayunar en secreto ello no significa, en mi opinión, que tengamos que hacer del ayuno un secreto o no debamos animar a otros a practicarlo con nuestro ejemplo. Es por esto por lo que comparto mis presentes hábitos en cuanto al ayuno en este libro. ¡Necesitamos hablar más del ayuno y practicarlo más!

A medida que ayunar se vaya convirtiendo más en una norma de nuestra vida cristiana diaria, como individuos y como congregaciones, seremos más eficaces en la guerra espiritual.

El acercarnos a Dios mediante la oración y el ayuno es la segunda lección importante del campo de instrucción espiritual.

3. *Limpiar las manos y purificar los corazones*

En sus instrucciones para que nos sometamos a Dios, Jesús dice: «Pecadores, limpiad las manos; y vosotros los de doble ánimo, purificad vuestros corazones» (Santiago 4.8). La limpieza de las manos tiene que ver con lo que uno hace y la purificación del corazón con lo que uno piensa o siente. Juntas constituyen un llamamiento a la santidad, y ésta incluye tanto la actitud como la acción.

Adquirir santidad es algo básico para un guerrero espiritual. Por desgracia varios aspectos de la santidad se han sacado tanto de su proporción bíblica en estos tiempos, que en lugar de ser una bendición para la guerra espiritual, tal y como Dios quería, se ha convertido en una barrera para la misma. Este es un aspecto tan importante del adiestramiento en el campo de instrucción, que creo que debemos dedicarle bastante atención en este capítulo.

LA TRAMPA DEL "BENDÍCEME"

En agosto de 1990 se reunieron 25.000 carismáticos en la «Hossier Dome» de Indianápolis para el tercer gran congreso de este tipo. Algunos observadores pensaron entonces que aquel encuentro representaba una especie de punto crítico para el movimiento. Un editorial de *Christianity Today* comentó con aprobación que esa vez los carismáticos no se habían reunido sólo para levantar las manos, orar con fervor y cantar exhuberantemente como en el pasado. En Indianápolis, los participantes fueron desafiados a entregarse a un evangelismo agresivo tanto en los Estados Unidos como en el extranjero, poniendo especial énfasis en los pobres.

Christianity Today fue lo suficientemente atrevida como para sugerir que Indianápolis era una indicación de que el movimiento carismático está «madurando».[4]

¿Qué es lo que puede hacer que algunos evangélicos y otros grupos consideren inmaduro al movimiento carismático después de treinta años de existencia? Vinson Synan, director del congreso y presidente del Comité del Servicio de Renovación Norteamericano que patrocinaba el encuentro, lo indicó probablemente cuando dijo: «Esta no ha sido una conferencia para 'recibir bendición'».[5]

Synan estaba comparando las 50.000 personas que asistieron al congreso de Kansas City en 1977, y los 35.000 participantes en la convención de Nueva Orleans en 1987, con los 25.000 de Indianápolis. Tanto el encuentro de Kansas City como el de Nueva Orleans eran considerados por el liderazgo como conferencias 'para recibir bendición'. El tema de Indianápolis, sin embargo, era «Evangelizar el Mundo - ¡Ahora!»

La opinión de Synan es que cuando el énfasis cambió

de la bendición propia a la del prójimo, el interés de los carismáticos descendió considerablemente, al igual que su asistencia.

Los carismáticos, desde luego, no tienen la exclusiva del cristianismo del «bendíceme», a pesar del desproporcionado relieve que ha adquirido alguna aplicación bastante cuestionable de las enseñanzas sobre la curación y la prosperidad. Millares y millares de iglesias no carismáticas sufren también casos graves de «koinonitis» o legítima comunión cristiana venida a menos. Los carteles que proclaman «Bienvenidos visitantes» en las puertas de los templos no quieren decir en demasiados casos prácticamente nada. La trampa del «bendíceme» no reconoce fronteras denominacionales.

Naturalmente, las iglesias deberían bendecirme. Poca gente asistiría a las mismas si no hubiese en ello ningún beneficio personal. Jesús dice: «Venid a mí todos los que estáis trabajados y cargados, y yo os haré descansar» (Mateo 11.28). Invitamos a los cultos a nuestros amigos que sufren para que puedan experimentar una sanidad emocional, física y espiritual. En un sentido real y legítimo la iglesia se considera como una especie de hospital para el cuidado de los heridos.

Al tiempo que funciona de esa manera, la iglesia debe también verse como un cuartel para los guerreros. Se trata de un lugar para enseñar, adiestrar, equipar y acondicionar espiritualmente; donde la gente sea llena del Espíritu Santo y poder, no sólo para bendecirme, sino para ser testigos de Jesús en Jerusalén, en Judea, en Samaria y hasta lo último de la tierra. La iglesia realiza las curaciones necesarias, pero la función principal de estas es aumentar las tropas para que pasen a primera línea en todo tipo de ministerio del Reino.

SANTIDAD PARA LA GUERRA

La santidad es tan indispensable para el guerrero espiritual como la buena vista para un piloto de combate. La mayoría de los dirigentes cristianos están de acuerdo con esto, pero algunos se quedan en el nivel de escuela primaria desarrollando el concepto de santidad. Proporcionan la leche de la palabra en cuanto a este tema, pero no parecen poder llegar a la carne. Otros, en su encomiable deseo de enfatizar la santidad, tienden a irse a un extremo convirtiéndola en un fin en sí misma. Si Dios nos bendice con la santidad suficiente, si ponemos todo nuestro empeño en abrillantar a los cristianos hasta que consigan estar lo bastante lustrosos, entonces el ministerio eficaz brotará supuestamente por sí solo. Esto tal vez sea una caricatura, pero constituye uno de los enfoques actuales que puede llevarnos fácilmente a la trampa del «bendíceme». Para ser efectivos en la guerra espiritual necesitamos comprender algunas de las implicaciones más profundas de la santidad.

Relaciones y reglas

Las dos facetas más importantes de la santidad cristiana son: (1) las relaciones y (2) la obediencia. Ambas se destacan en el libro de Gálatas, escrito expresamente para ayudar a los creyentes a vivir la vida cristiana como Dios quiere.

Las iglesias de Galacia eran una mezcla de creyentes de dos trasfondos distintos. Algunos eran judíos que habían recibido a Jesús como su Mesías, otros paganos que lo habían reconocido como su Señor. Los judíos lo sabían todo acerca de la obediencia a la ley, y Pablo tuvo que amonestarlos a no volver a la idea de que el guardar la ley agradaría por sí solo a Dios. «¿Tan necios sois? ¿Habiendo comenzado por el Espíritu ahora vais a acabar por la carne?» (Gálatas 3.3). Los judíos necesitaban que se les recordara que la base de nuestra santidad es la relación personal que tenemos con Dios como hijos suyos.

Por otro lado, los paganos sabían todo lo concerniente a los seres espirituales —en su caso los principados, las potestades y los malos espíritus—, y Pablo tuvo que amonestarlos a que no se volvieran nuevamente a las fuerzas demoniacas en momentos de necesidad o de crisis. «Mas ahora, conociendo a Dios, o más bien, siendo conocidos por Dios, ¿cómo es que os volvéis de nuevo a los débiles y pobres rudimentos, a los cuales os queréis volver a esclavizar?» (Gálatas 4.9). A los paganos había que recordarles que la base de nuestra santidad no es sólo una relación, sino también la obediencia a Dios como nuestro dueño.

¿Cómo se armonizan entonces las relaciones y las reglas?

Creo que la respuesta a esta decisiva pregunta queda clara cuando consideramos tres aspectos vitales de nuestra relación con Dios.

1. *Dios es nuestro Padre.* Empezamos por una relación de amor con Cristo. Somos hijos y decimos: «¡Abba, Padre!» (Gálatas 4.6).

2. *Dios es nuestro dueño.* Tenemos un amoroso deseo de obedecer la voluntad de Cristo. Somos esclavos y obedecemos: «Entre tanto que el heredero es niño, en nada difiere del esclavo» (Gálatas 4.1).

3. *Jesús es nuestro modelo.* Queremos ser semejantes a Cristo. Pablo se dirigía con estas palabras a los creyentes gálatas: «Hijitos míos, por quienes vuelvo a sufrir dolores de parto, hasta que Cristo sea formado en vosotros» (Gálatas 4.19). La santidad es ver a Cristo en nuestra persona.

La santidad no consiste en amar a Jesús y hacer lo que uno quiere, sino en amarle y hacer lo que quiere Él.

Toda relación, del tipo que sea, tiene sus demandas. Mi esposa Doris y yo mantenemos una buena relación desde hace más de cuarenta años. Pero eso no sucede automáticamente. Cada uno de nosotros tiene su propia personalidad y su juego de normas que la acompañan. Hemos descubierto que nuestra relación es mejor si observamos cada uno el conjunto de normas del otro. Y lo mismo sucede en nuestra relación con Jesús. Cuanto antes aprendemos las reglas y las guardamos, tanto mejor nos llevamos con El.

Los principales pasajes del Nuevo testamento acerca de la santidad, tales como Efesios 4.17-32 y Colosenses 3.5-24, enuncian dichas reglas con cierto detalle. En Gálatas, Pablo menciona tanto las obras de la carne (Gálatas 5.19-21) como el fruto del Espíritu (Gálatas 5.22-23).

La santidad no consiste en amar a Jesús y hacer lo que uno quiere, sino en amarle y hacer lo que quiere El. La relación es fundamental, pero ¿cómo sabemos si nos estamos relacionando adecuadamente con Jesús? «Y en esto sabemos que nosotros le conocemos, si guardamos sus mandamientos» (1 Juan 2.3).

¿Quién es santo?
Si la santidad es un requisito previo para la guerra espiritual, ¿puede ser una persona realmente santa?

¿Puedo declarar que he alcanzado la santidad? Y si no... ¿por qué seguimos exhortándonos unos a otros a ser santos?

Al principio estas preguntas pueden parecer desconcertantes, pero el desconcierto se desvanece si hacemos dos preguntas en vez de una. La primera es: ¿Puede alguien ser santo? La respuesta es sí. Todos los cristianos son santos. La segunda: ¿Puede ser alguien lo bastante santo? Esta vez la contestación es no. Ningún cristiano es suficientemente santo.

Es importante, naturalmente, asegurarnos de que comprendemos lo que significa la palabra «santidad». El término griego *hagios* quiere decir «ser apartado». Bíblicamente el sentido es «ser apartado para Dios» y es sinónimo de «santificación». Pero el énfasis de la Biblia está más en la relación que en el ser apartado.

En el sentido de ser apartado para Dios, cada cristiano ha sido hecho santo por medio del nuevo nacimiento. Pedro nos llama «real sacerdocio» (1 Pedro 2.5) y «nación santa» (1 Pedro 2.9). Y Jesús nos presentará «santos y sin mancha e irreprensibles delante de él» (Colosenses 1.22). Pablo recuerda a los creyentes de Corinto: «Ya habéis sido santificados ... por el Espíritu de nuestro Dios» (1 Corintios 6.11). Si ha nacido usted de nuevo, puede decir verdaderamente: «Sí, soy santo».

Lo que no puede decir es: «Soy lo bastante santo». Posicionalmente, como hijo de Dios, ya no practica usted el pecado: «Todo aquel que permanece en él, no peca» (1 Juan 3.6). Pero aunque el deseo de su corazón, motivado por el Espíritu Santo, es no seguir practicando el pecado como estilo de vida, todavía no es usted perfecto. De hecho peca, y será mejor que lo reconozca: «Si decimos que no tenemos pecado, nos engañamos a nosotros mismos, y la verdad no está en nosotros»

(1 Juan 1.8). Por eso nos dice Jesús que oremos a diario: «Perdónanos nuestras deudas...»

Madurar en santidad

Pero si no podemos 'ser nunca lo bastante santos, ¿podemos ser más santos de lo que éramos, por ejemplo, el año pasado? ¡Desde luego! Creo que puedo decir honestamente que en 1990 era más santo que en 1980. Espero, planeo y pretendo de todo corazón ser aún más santo de aquí a diez años. Y dentro de veinte, según las tablas del seguro, al fin seré probablemente lo bastante santo, ¡ya que estaré en la presencia de Jesús!

En su entusiasmo por alcanzar una mayor santidad, algunos han caído en la tentación que Pablo estaba tratando de advertir a los Gálatas. Han seleccionado ciertas acciones externas o experiencias como pruebas visibles de haber alcanzado la santidad, o la santificación, o la plenitud del Espíritu. Los miembros de algunas iglesias se guiñan el ojo unos a otros y expresan: «Yo tuve mi experiencia en 1986. ¿Cuándo la tuviste tú?»

Hace algunos años, mientras me cortaba el pelo, el barbero me dijo que había tenido su experiencia hacia catorce años y que desde entonces no había pecado. El alcanzar unos ciertos niveles exteriores, por buenos que éstos sean, no constituye un criterio bíblico para medir la santidad. Mucho más importante es la santidad interna o del corazón. La dirección en la que uno va tiene más significación que los logros externos, como indican claramente las palabras de Jesús a los fariseos en Mateo 6.

La razón de las normas externas

¿Para qué sirven entonces las normas externas? Nos ayudan de tres maneras en nuestra búsqueda de la santidad:

Primeramente, aunque como ya hemos visto que no podemos definir la *presencia* de santidad en nuestras vidas por el cumplimiento de las normas externas, éstas sí nos son útiles para detectar la *ausencia* de santidad. Si utilizamos en vano de manera habitual el nombre del Señor, si tenemos relaciones sexuales extramatrimoniales o si falsificamos informes económicos —por dar tres ejemplos—, podemos estar seguros de que no somos santos.

En segundo lugar, las normas externas son indicadores de madurez. Dios es un buen padre que comprende a sus hijos espirituales, pero también espera de ellos que crezcan, al igual que nosotros con nuestros hijos naturales. ¿Qué padre no ha dicho a su hijo en el primer año de enseñanza elemental: «¡Deja de comportarte como un niño de dos años!»? Algunas veces Dios tiene que decirnos eso a nosotros. Pablo estaba manifestando su frustración con los corintios cuando les dijo con hastío: «De manera que yo, hermanos, no pude hablaros como a espirituales, sino como a carnales, como a niños en Cristo» (1 Corintios 3.1). Tenga en cuenta que esta madurez espiritual se hará más evidente a través de rasgos maduros del carácter que marcando con una equis las casillas de alguna lista de reglas.

En tercer lugar, los niveles más altos en el Nuevo testamento son para los dirigentes. Como reflejan los requisitos de los ancianos y diáconos en las epístolas pastorales, las acciones externas y los testimonios visibles, manifiestos y públicos, son condiciones necesarias, no para evitar la excomunión de la iglesia, sino para ser apto para posiciones de liderato.

¿Cuánta santidad se precisa?

Aunque los cristianos no sean nunca lo bastante santos, sí pueden crecer en santidad. ¿Hasta dónde deberán progresar para poder ejercer el ministerio? ¿Cuánta purificación necesitan los soldados antes de ser enviados al frente?

Al contestar a estas preguntas es preciso evitar cuatro peligros:

1. El esperar a ser perfecto antes de lanzarse. Esto da como resultado la parálisis en el ministerio, ya que nadie llega nunca a la perfección en esta vida.

2. Considerar la santidad como un fin en sí mismo, lo cual tiene como consecuencia el síndrome del «bendíceme» que tantos están tratando de evitar en estos días.

3. Esperar que el ministerio se autogenere desde una vida santa. El resultado de esto es que el viaje interior llega a convertirse en un callejón sin salida. El ministerio requiere motivación e iniciativa sea cual sea el nivel de santidad alcanzado.

4. Relacionar la eficacia en el ministerio con el cumplimiento de ciertos indicadores externos de santidad. Esto lleva al orgullo y al egocentrismo.

PRINCIPIOS PARA LA GUERRA ESPIRITUAL

Hablemos ahora de los principios. Queremos ser buenos guerreros espirituales, de modo que sabemos que hemos de adquirir santidad y evitar al mismo tiempo la trampa del «bendíceme» y la parálisis en el ministerio. He aquí cinco principios que nos ayudarán a equiparnos para la batalla:

1. Asegúrese de estar en la debida relación con Dios.

Lo fundamental es saber que uno ha nacido de nuevo, que tiene una vida de oración personal satisfactoria y que está lleno del Espíritu Santo.

Observación: Esta es la forma de evaluar una relación *adecuada* con Dios, no una relación *perfecta*. La prueba decisiva es que su corazón desee conocer más íntimamente a Dios y agradarle en todo.

2. Confiese todos sus pecados conocidos.

Los creyentes más maduros saben cuándo han pecado, pero para llevar simplemente un control periódico utilice como punto de partida la lista de obras de la carne que aparece en Gálatas 5.19-21 u otras relaciones bíblicas de pecados. Francis Frangipane advierte: «Si intenta usted atar a un principado o una potestad albergando pecado en su corazón, seguramente será derrotado».[6]

Observación: No se entregue a la autoflagelación espiritual —esa es también una obra de la carne—. ¡Si usted no se encuentra bien a menos de sentirse culpable es que algo va mal! Permita que sea el Espíritu Santo quien le convenza de pecado.

3. Busque la sanidad de pautas de pecado persistentes.

Si su corazón ama a Dios pero un pecado especial se manifiesta de continuo en su vida, se trata de una enfermedad espiritual de la cual debe ser sanado; del mismo modo que buscaría la sanidad de una infección de vesícula o de la diabetes.

Observación: Por lo general necesitará ayuda externa para esta sanidad interior. Consiga esa ayuda antes de entrar en cualquier clase de ministerio, pero especialmente si va a participar en la guerra espiritual.

4. Permita que otros lean su barómetro espiritual.

Relaciónese estrechamente con cierto número de personas cuya espiritualidad respete y que le conozcan lo bastante bien como para ser francas con usted.

Observación: También una franqueza demasiado frecuente, sobre todo en público, puede hacerse patológica; pero si se guarda todo para sí no tendrá forma de comprobar la exactitud de sus autoevaluaciones.

5. Cuanto más alto le llame Dios en el liderato, más alto deberá ser su nivel de santidad.

Muchos niveles de ministerio cristiano no requieren una cota excesiva de santidad, aunque la santidad madura sea un objetivo para todo creyente. Algunas formas de servicio cristiano son como jugar al fútbol con niños pequeños en el parque. No exigen demasiado. Pero otros niveles de ministerio son como participar en la Liga Nacional de Primera División, requieren unas condiciones espirituales considerablemente por encima del promedio.

Observación: La guerra espiritual en el nivel estratégico debería considerarse más bien dentro de esta categoría. Si cree usted que está dotado y tiene un llamamiento para esta clase de ministerio, sea especialmente estricto consigo mismo.

Si su puntuación en esta lista de control resulta satisfactoria, está preparado para el ministerio. No separe el carácter santo de los dones o del ministerio, pues de otro modo acabará cayendo en la hipocresía. Al mismo tiempo, no espere hasta haber llegado a ser un supersanto para ejercer el ministerio o acabará en la trampa del «bendíceme».

TODA LA ARMADURA DE DIOS

Un manual que me gusta para equipar a los guerreros es The Weapons of Your Warfare, de Larry Lea. En este libro, Lea menciona la sangre de Jesús, la oración, toda la armadura de Dios, la alabanza, el hablar la Palabra, el nombre de Jesús y la perseverancia como «el arsenal de Dios». El espacio no me permitiría hablar aquí de cada una de esas cosas, de modo que sólo recomendaré *The Weapons of Your Warfare* [Armas de su guerra espiritual] como libro de texto para su período de instrucción.

Sin embargo, sí quiero mencionar «toda la armadura de Dios» antes de concluir este capítulo. En su libro, Larry utiliza como ilustración la mentalidad norteamericana del «vestirse para el éxito». Muchos manuales de «hágalo usted mismo» enseñan a los aspirantes a hombres de negocios que ciertas prendas de vestir les proporcionan una apariencia la cual les permitirá ascender más rápido en la escala profesional. Luego, Lea sigue diciendo que el ponerse toda la armadura de Dios es «la única forma de vestirse para el éxito en el Señor, ya que toda la armadura de Dios es un requisito previo para 'arrebatar' el Reino de Dios».[7]

La metáfora que hace Pablo de la armadura del legionario romano nos proporciona una lista de elementos imprescindibles para la preparación de los guerreros espirituales. Nuestros lomos necesitan estar ceñidos con la verdad. Jesús mismo es el camino, la verdad y la vida. Nos ponemos la coraza de justicia. Nuestro corazón se halla protegido por la santidad que trae el limpiar nuestras manos y purificar nuestros corazones como vimos anteriormente. El escudo de la fe nos protege de los dardos de fuego de Satanás. Y el yelmo de la salvación nos recuerda que pertenecemos a Jesús y que tenemos asegurada la victoria final en la batalla.

Después de leer extensamente sobre el tema de la guerra espiritual, me siento perplejo por el considerable número de autores que necesitan subrayar que todas las partes de la armadura de Dios tienen carácter defensivo. El hecho es que un guerrero no sólo viste armadura y sostiene un escudo, sino que lleva una espada en la mano derecha. La espada del Espíritu, que es la Palabra de Dios, constituye ciertamente un arma ofensiva. Me encanta el comentario que hace Walter Wink: «Es gracioso ver como va y viene de un erudito a otro la declaración de que todas las armas son 'defensivas'. El Pentágono dice lo mismo acerca de los misiles nucleares».[8]

Pienso que algunas personas quieren creer «esperanza contra esperanza» que ya que Cristo ha derrotado a Satanás en la cruz, lo único que tenemos que hacer es «estar firmes». Si nos quedamos mirando con las manos en los bolsillos, el mal, de alguna manera, no nos molestará ni a nosotros ni a nuestra sociedad. Pero, en mi opinión, eso no es lo que Pablo tenía en mente cuando escribió Efesios 6. Clinton Arnold plantea la cuestión de si «estar firmes» es algo estático o dinámico, y dice: «¿Se hace también un llamamiento al lector para que emprenda una acción más ofensiva, tal como la de proclamar el mensaje de redención a la humanidad esclavizada por el diablo?» Y su conclusión es: «El flujo del contexto revela también que el autor concibe el «estar firmes» como algo de carácter ofensivo».[9]

Por tanto usando toda la armadura de Dios estamos listos, no sólo para protegernos de los furiosos ataques de Satanás, sino también para vencer al hombre fuerte y hacer progresar el reino de Dios.

PREGUNTAS PARA REFLEXIONAR

1. Hable de las escalas «hacia arriba» y «hacia fuera». Explique con sus propias palabras lo que significan.
2. Si tuviera que hacerse a sí mismo un examen sobre su sumisión a Dios y su acercarse a El, ¿qué nota sacaría?
3. ¿Está usted de acuerdo con que los cristianos deberían ponerse como meta una hora diaria de oración personal o le parece poco realista?
4. ¿Tiene usted alguna experiencia en ayunar? En tal caso descríbala y desarróllela.
5. ¿Es usted más santo que antes? ¿Cómo lo sabe?

Notas

1. S.D. Gordon, Quiet Talks on Prayer (Nueva York, NY: Fleming H. Revell Company, 1904), p. 120.
2. John Wimber, "Prayer: Intimacy with God", Equiping the Saints, noviembre-diciembre de 1987, p. 3
3. John Bisagno, The Power of Positive Praying (Grand Rapids, MI: Zondervan Publishing House, 1965), p. 71.
4. Timothy K. Jones, "Hands Up in the Hoosier Dome", Christianity Today, 24 de septiembre de 1990, p. 23.
5. Ibid.
6. Francis Frangipane, The House of the Lord (Lake Mary, FL: Creation House, 1991), p. 147.
7. Larry Lea, The Weapons of Your Warfare (Altamonte Springs, FL: Creation House, 1989), p. 93.
8. Walter Wink, Naming the Powers (Philadelphia, PA: Fortress Press, 1984), p. 86.
9. Clinton E. Arnold, Ephesians: Power and Magic (Cambridge, Inglaterra: Cambridge University Press, 1989), 119, 120.

La remisión del pecado de las naciones

Francis Frangipane plantea una cuestión decisiva al observar: «Muchos santos se preguntan si los cristianos tienen autoridad para orar en contra de los principados y las potestades». Estoy seguro de que algunos de ustedes que leen este libro se están haciendo la misma pregunta. Se trata ciertamente de una pregunta legítima y de punto de partida necesario.

Estoy de acuerdo con la respuesta de Frangipane. «La posición de la Escritura—dice—no es sólo que contamos con la autoridad para librar una guerra contra esas potestades de las tinieblas, sino también ¡que tenemos la responsabilidad de hacerlo!» Y concluye: «Si no oramos contra nuestros enemigos espirituales, nos acabaremos convirtiendo en su presa».[1]

LA PROCLAMACION
DE LIBERTAD DE LINCOLN

Muchos cuestionan lo apropiado de hablar de ofensiva espiritual contra principados y potestades puesto que la Biblia enseña que esos poderes ya han sido derrotados. Se nos dice que Jesús en la cruz despojó «a los principados y a las potestades, los exhibió públicamente» (Colosenses 2.5). Si ya han sido derrotados, ¿quiénes somos nosotros para pensar que podemos añadir algo a la obra de Cristo en la cruz?

Naturalmente que no se puede añadir nada a la sangre de Jesús vertida en el Calvario. Su sacrificio se hizo una vez por todas. Satanás ha sido derrotado, Jesús ha vencido al mundo y el resultado de la guerra no está más en duda. Sin embargo, mientras tanto, tenemos que llevar a cabo operaciones de «limpieza». El reino de Dios está aquí y nosotros somos parte del mismo, pero no llegará en su plenitud hasta la segunda venida de Cristo. Entonces, y sólo entonces, Satanás será echado al abismo insondable y por último al lago de fuego. Hasta ese momento, él sigue siendo el príncipe de la potestad del aire, aunque se trate de un príncipe derrotado que tenga que retroceder constantemente mientras el evangelio se extiende por toda la tierra.

Para entender esto, pensemos en la Proclamación de Libertad para los Esclavos pronunciada por Abraham Lincoln y que entró en vigor el 1 de enero de 1863 — hace 130 años—. Desde 1863, los negros norteamericanos gozan de libertad plena, ciudadanía e igualdad social con los demás estadounidenses. Nadie pone en tela de juicio la legalidad del decreto de Lincoln y toda la autoridad del Gobierno federal de los Estados Unidos lo respalda.

Sin embargo, los norteamericanos en su totalidad reconocen, y se sienten avergonzados de ello, que los afroestadounidenses son un grupo social que no disfruta en realidad de la plena igualdad con el resto de los ciudadanos del país. Ha requerido tiempo el llevar a la práctica lo que la firma del presidente Lincoln convirtió en ley de una vez por todas.

Durante muchos años, la vida no cambió en absoluto para las multitudes de negros que trabajaban en las plantaciones del Sur. Fue preciso casi un siglo para que algunos estados, de manera global, se deshicieran de las leyes de Jim Crow que prohibían a los negros votar y entrar en ciertos restaurantes, y que les obligaban a viajar en la parte de atrás de los autobuses.

Fue necesario que se incendiaran los ghettos urbanos en 1960 para que Estados Unidos empezase a comprender que la Proclamación de Libertad tenía que ser llevada a la práctica de un modo todavía más completo. Los dirigentes del movimiento de derechos civiles y los planificadores sociales son lo bastante realistas como para saber que sólo mediante un esfuerzo tenaz y concienzudo por parte de todos los norteamericanos se llegará a nivelar nuestra situación social en Estados Unidos con la intención legal plena de la Declaración de Libertad. Nadie sabe cuánto tiempo tardará en hacerse esto.

Entretanto, yo quiero ser de los norteamericanos que se esfuerzan ahora por conseguir la igualdad y la justicia social completa tanto para los afroestadounidenses como para cualquier otro grupo minoritario. La guerra de liberación se ganó en 1863, pero yo quiero también tomar parte en las batallas «de limpieza» por los derechos civiles en la década de los 90.

La muerte de Jesús en la cruz fue la proclamación de

libertad para toda la raza humana, sin embargo, dos mil años más tarde hay aún multitudes sin salvar y enormes segmentos de la población mundial que viven en zonas de catástrofe social. De igual manera que quiero ver a las víctimas de la injusticia social en los Estados Unidos recibir su legítima libertad, deseo también ver a las víctimas de la opresión satánica en todo el mundo ser liberadas de sus garras malignas.

No obstante, para hacer tanto lo uno como lo otro, no basta con mirar hacia atrás a la legítima transacción legal que se realizó hace 130 o 2.000 años. El mal es demasiado grande y demasiado agresivo. Tom White, de Frontline Ministries [Ministerios de primera línea] dice: «Con demasiada frecuencia la iglesia actúa al contragolpe en esta invasión. Pero el papel de los redimidos es golpear primero, con valor, ideando estrategias que penetren y debiliten la influencia del mal y llevándolas a efecto».[2]

LA LUJURIA DE SATANÁS POR LAS NACIONES

Una de las cosas que Dios utilizó para mover a Cindy Jacobs a que estableciera su ministerio de Generales de la Intercesión, fue la necesidad desesperada que tenemos los cristianos de una estrategia propia. Jacobs expresa: «Vi claramente que el enemigo tenía una estrategia para cada nación y ministerio».[3]

Las Escrituras son muy claras en cuanto a la codicia que tiene Satanás por el poder sobre las naciones. En Apocalipsis 20 leemos que un día el diablo será atado durante mil años, y el texto menciona cierto efecto que tendrá ese aprisionamiento de Satanás cuando dice: «Para que no engañase más a las *naciones*, hasta que fuesen cumplidos mil años» (Apocalipsis 20.3).

Una vez que hayan transcurrido los mil años, Satanás será liberado, y lo único que se menciona es que saldrá a engañar a las *naciones* que están en los cuatro ángulos de la tierra» (Apocalipsis 20.8, cursivas del autor).

Sabemos por el Antiguo Testamento que las naciones pueden ser culpables de pecados colectivos. Eso no era solamente cierto en el caso de ciertas naciones gentiles, sino también en el de Israel.

Ya he mencionado anteriormente a la ramera que controla a pueblos, muchedumbres, *naciones* y lenguas (véase Apocalipsis 17.15). Cuando la malvada ciudad de Babilonia es derribada, uno de los grandes gritos de regocijo que se oyen es que sus hechicerías no engañarán más a todas las *naciones* (véase Apocalipsis 18.23).

Satanás codicia ese poder sobre las naciones, o podría decirse que siente lujuria por dichas *naciones*. La razón para emplear este término es que más de una vez se nos dice que el espíritu malo al que se llama la «ramera» comete fornicación con los líderes políticos que tienen autoridad sobre las naciones (véase Apocalipsis 17.2; 18.3). Aunque esa fornicación sea en sentido figurado, la connotación no es ni más ni menos que de lujuria.

Esas naciones que Satanás desea controlar son los mismos reinos que él ofreció a Jesús cuando le tentó en el desierto y aquellas a las que el Señor hizo referencia en la Gran Comisión: «Por tanto, id, y haced discípulos a todas las naciones» (Mateo 28.19). Jesús nos ordena que vayamos en su autoridad a recuperar las naciones que el diablo tiene bajo su dominio. No es extraño que nos encontremos en la guerra espiritual cuando nos entregamos con seriedad a la evangelización del mundo. Estamos amenazando a Satanás en un punto muy sensible y emocional para él: ¡Le estamos separando de sus amantes!

LAS FORTALEZAS DEL ENEMIGO

¿Cómo Satanás o los espíritus territoriales que él asigna a las naciones logran el control? Gwen Shaw, que durante mucho tiempo ha sido reconocida como una destacada intercesora en el nivel estratégico, dice: «Los espíritus gobernantes no tienen autoridad para entrar en un área sin permiso. Algunas condiciones les autorizan a establecer la base de su reino desde donde gobiernan sobre la gente de esa área».[4] A estas condiciones es a lo que se denomina con frecuencia «fortalezas». George Otis hijo describe las fortalezas como "ni más ni menos que centros de control y mando de Satanás».[5]

Cindy Jacobs argumenta que los «accesos legales que han permitido a Satanás establecer sus fortalezas en primer lugar» pueden considerarse como «las puertas de la ciudad», e indica que en tiempos bíblicos esas puertas eran «símbolo de autoridad», lugares donde los ancianos se sentaban para tratar del bienestar de la ciudad.[6]

Aquellos que están activos en un ministerio de guerra espiritual al ras del suelo saben que a menudo los demonios entran en los individuos a través del trauma, el abuso sexual, el aborto, las maldiciones, la adicción a las drogas, el ocultismo u otros puntos de apoyo. En muchos de esos casos, para que haya una liberación eficaz se precisa de la sanidad interior. Charles Kraft dice que mucha gente da pie a Satanás «aferrándose a sentimientos de amargura, resentimiento, deseos de venganza, miedo y otros semejantes». Y añade: «Creo que no hay dificultad que pueda tener una persona con un espíritu malo que no esté relacionada con algún problema interno».[7] He oído a Kraft decir varias veces que los demonios son como ratas que se alimentan de basura. ¡Retire la basura y las ratas serán relativamente fáciles de echar!

Con frecuencia un fenómeno bastante parecido predomina en la guerra espiritual a nivel estratégico. Las naciones pueden globalmente albergar «basura» que necesita ser limpiada antes de poderse debilitar a los principados y las potestades.

Es bastante probable, por ejemplo, que la forma vergonzosa en que los primeros colonos americanos trataron a muchos indios haya proporcionado un número importante de fortalezas históricas a las fuerzas demoniacas que actúan en nuestros días y que intentan destruir la sociedad americana. Esta puede ser una de las razones por las que la actividad demoniaca es especialmente poderosa en algunos cementerios indios y sus alrededores.

Gwen Shaw enumera catorce de esas fortalezas nacionales o locales que han surgido con cierta regularidad en sus años de ministerio de intercesión a nivel estratégico. Entre ellas están: la idolatría, los templos paganos, el derramamiento de sangre inocente —en asesinatos, abortos o guerras—, la brujería, el control de la mente, la retirada de la oración de las escuelas, la perversión sexual, el abuso de las drogas, las luchas y el odio, los objetos de ocultismo, los juguetes cuestionables, la perversión de los medios de comunicación, las emociones incontroladas en las relaciones.[8] La lista se podría ampliar casi hasta el infinito, pero basta con esto como muestra de aquellas fortalezas nacionales con las que puede que tengamos que habérnoslas antes de poder vencer a ciertos espíritus territoriales.

REMITIENDO LOS PECADOS

Suponga que esas fortalezas demoniacas existen de veras en una nación o una ciudad y que afectan a la sociedad en general y a la resistencia al evangelio en particular. ¿Qué podemos hacer?

Al igual que en el caso de individuos endemoniados, si el pecado está presente, se requiere arrepentimiento; si hay maldiciones en vigor es necesario romperlas; y si existen heridas emocionales se precisa de la sanidad interior.

Sabemos por el Antiguo Testamento que las naciones pueden ser culpables de pecados colectivos. Eso no era solamente cierto en el caso de ciertas naciones gentiles, sino también en el de Israel. Tanto Nehemías como Daniel son para nosotros ejemplos de personas que sintieron la carga de los pecados de su nación.

Al oír que el muro de Jerusalén estaba derribado y que sus puertas habían sido quemadas, Nehemías lloró, ayunó y oró. Confesó los pecados de los hijos de Israel en general, buscando la remisión de éstos para toda la nación. Y dijo: «Yo y la casa de mi padre hemos pecado» (Nehemías 1.6). He aquí el ejemplo de una persona confesando bajo la unción de Dios, y de una manera significativa, los pecados de una nación entera. Este es uno de los componentes de la guerra espiritual en el nivel estratégico. Sus oraciones obviamente tuvieron algún efecto, y Dios abrió determinadas puertas que sólo su poder podían abrir para que se reedificaran los muros y la ciudad.

Daniel, por su parte, llegó a comprender, mediante la lectura de las Escrituras, que los setenta años de cautividad de Israel estaban terminando. De modo que se puso delante del Señor «en oración y ruego, en ayuno, cilicio y ceniza» (Daniel 9.3), y confesó detalladamente los pecados de su pueblo diciendo: «Todo Israel traspasó tu ley apartándose para no obedecer tu voz» (Daniel 9.11). Más tarde expresó también que había confesado su pecado y el pecado de su pueblo (Daniel 9.20).

Es importante señalar que tanto Nehemías como Daniel, mientras estaban delante del Señor en nombre de toda su nación, confesaron, no sólo los pecados colectivos de su pueblo, sino también sus propias transgresiones individuales. Aquellos que remiten los pecados de las naciones no deben dejar de identificarse personalmente con las faltas que fueron o están siendo cometidas, aunque no sean tan culpables de ellas como de algunos otros pecados.

ARGENTINA Y AUSTRALIA

En su libro *La reconquista de tu ciudad*, [The Conquering Of Your City] John Dawson da ciertos ejemplos específicos de remisión de los pecados de naciones. Uno de ellos tuvo lugar en Córdoba, Argentina, en 1978, cuando Dawson y algunos otros obreros de Juventud con una Misión se sentían frustrados por la indiferencia de la gente al mensaje que proclamaban. Mediante la oración y el ayuno, lograron discernir que uno de los principados que gobernaban la ciudad era el orgullo; de modo que confesaron su propia arrogancia y se humillaron arrodillándose para orar en las aceras de algunas de las áreas más concurridas del centro de Córdoba. ¡Después de aquello comenzó la cosecha de almas! Dawson expresa: «La gente estaba tan receptiva que esperaba pacientemente en fila para que personalmente les autografiásemos los tratados evangelísticos».[9]

Dawson también nos cuenta de una reunión de oración a la que asistió en Sidney, Australia, en 1979, en la que había 15.000 personas congregadas. Habla de la sicología social australiana, caracterizada a menudo por un sentimiento de rechazo e injusticia, y de la liberación espiritual que experimentó aquella gente cuando uno de los líderes condujo a la multitud a perdonar a la Gran Bretaña por la injusticia infligida a sus antepasados al establecer Australia como territorio penal».[10] Este es un caso de remisión de los pecados de una nación, y Dawson puede contar de la gran bendición que experimentaron las iglesias de Australia después de aquel suceso.

Pero una vez más John Dawson concuerda con Nehemías y Daniel en que, para remitir las faltas de las naciones, «debemos identificarnos con los pecados de la ciudad». Y expresa: «Usted pudiera ser una persona justa que no está involucrada de manera directa con los vicios presentes en su ciudad». Dawson cree, sin embargo, que debemos ir más allá: «Todos —dice— podemos identificarnos con la raíz de cualquier pecado».[11]

EL DESAFÍO DE JAPÓN

Nunca comprendí del todo lo que hicieron Nehemías y Daniel hasta que fui al Japón en el verano de 1990. He visitado ese país con mucha regularidad en los últimos años, porque creo que Dios me está dando una carga especial por él, junto con la Argentina, como nación en la que El quiere usarme y enseñarme en estos días.

Varias de mis visitas a Japón han sido en compañía de Paul Yonggy Cho, ya que me he unido a él en su visión de conseguir que haya diez millones de cristianos japoneses para el año 2000. Francamente me siento un poco sorprendido de registrar ese objetivo en este libro. Siempre enseño a mis alumnos en las clases de crecimiento de la iglesia que el establecer metas es importante, pero que constituye un tremendo error el que esas metas no sean realistas. En el terreno natural no hay nada realista en esperar que para el año 2000 existan diez millones de cristianos japoneses, cuando la base con que contamos en 1991 es todo lo más de un millón, y sólo un tercio de ellos son, probablemente, creyentes comprometidos de verdad. Paul Yonggy Cho tiene más cristianos comprometidos en su iglesia de Seúl, Corea, de los que hay en toda la nación japonesa.

Aunque en lo natural haya poca o ninguna esperanza de que este objetivo se cumpla, en lo espiritual tengo una fe sincera de que el mismo llegará a convertirse en realidad. No conozco los detalles de cómo lo hará Dios, pero estoy todo lo seguro que pueda estarse de que en esencia habrá algún tipo de combate espiritual: una guerra espiritual en el nivel estratégico que aumentará de manera extraordinaria la receptividad del pueblo japonés al evangelio. Los sociólogos se sorprendieron e incluso quedaron desconcertados por la rápida caída del Telón de Acero. Creo que algo igual de asombroso y repentino puede sucederle a la atmósfera espiritual del Japón. Si eso pasa, los diez millones pueden entrar en el Reino en un periodo relativamente corto de tiempo. Gran número de japoneses —tres de cada cuatro— dijeron que si tuvieran que escoger una religión elegirían el cristianismo.

El control demoniaco de una nación

Mientras proyectaba ir a Tokio en el verano de 1990 sentí una profunda inquietud acerca de los planes que se estaban haciendo para que el emperador Akihito se sometiera a la ceremonia del *Daijosai* el 22 y el 23 de noviembre de ese mismo año.

Este antiguo ritual sintoísta, en pocas palabras, invita abiertamente al control demoniaco sobre toda una nación. En el mismo, el nuevo emperador come arroz ceremonial escogido para él mediante brujería y mantiene una cita personal con el espíritu territorial más alto de los que gobiernan el país: *Amaterasu Omikami* —la Diosa del Sol—.

En un trono de paja especial, llamado por algunos «lecho de dios», el emperador lleva a cabo una relación sexual, literal o simbólica, con la Diosa del Sol, por la que se convierten en una sola carne; a raíz de lo cual él es considerado tradicionalmente como un dios y pasa a ser objeto de adoración. El emperador, como encarnación humana de todo el pueblo japonés, realiza este ritual ocultista en nombre de toda la nación.

Cuando fui al Japón en agosto, pocos meses antes del *Daijosai*, hice un llamamiento junto con muchos otros a la oración ferviente y al ayuno para que el emperador utilizara su prerrogativa de no pasar por la ceremonia ocultista. Yo no sabía, naturalmente, que mis peores temores se confirmarían y que el ritual se llevaría a cabo, como previsto, en el mes de noviembre.

Dos días antes de partir para Japón hablé a un grupo en el magnífico Congreso sobre el Espíritu Santo y la Evangelización Mundial, que se celebraba en la «Hossier Dome» de Indianápolis, y les desafié a orar durante los años siguientes para que el número de cristianos japoneses alcanzara los diez millones, y en contra de la perversa actividad espiritual relacionada con la proyectada ceremonia del *Daijosai.* Cuando terminé, el que dirigía la reunión invitó a Cindy Jacobs a pasar al frente a orar por mí y por el Japón.

Una oración profética

Cindy hizo entonces una oración profética que voy a transcribir íntegramente:

Señor, te doy las gracias porque envías a Peter Wagner al Japón. Padre, fue el pueblo norteamericano quien provocó allí una gran devastación cuando arrojaron las bombas sobre Hiroshima y Nagasaki. Señor, te doy las gracias porque vuelves a mandar a un norteamericano para reparar la atrocidad que se hizo con aquellas ciudades. Padre, Peter será utilizado como una bomba nuclear en el Espíritu para deshacer las tinieblas que Satanás ha forjado contra el país de Japón y los japoneses.

Señor, te pido que cures al pueblo japonés del trauma causado por las consecuencias desastrosas de Hiroshima y Nagasaki. Padre, Tú quieres usar poderosamente al pueblo japonés para enviar misioneros por todo el mundo en el mover de tu Espíritu en los últimos tiempos. Señor, restaura los años que comieron la oruga y la langosta en la tierra del sol naciente. «Yo, el sol de justicia me levantaré con sanidad en mis alas para la tierra que amo».

Ahora, Señor, que tu unción esté poderosamente sobre Peter mientras expone tus palabras para unificar y traer restauración a tu cuerpo. En el nombre de Jesús. Amén.

En aquel momento no consideré la oración como nada fuera de lo corriente. Dejé en Indianápolis a mi esposa Doris, que era miembro del equipo intercesor que oraba por el congreso durante las veinticuatro horas del día, y volví a mi ciudad para dar mi clase de Escuela Dominical el domingo y partir esa misma tarde para Japón.

El domingo, por la mañana temprano, mientras me preparaba para la clase, sucedió algo extraño: al orar acerca de mi inminente viaje al Japón me puse a llorar por primera vez en mi vida, que yo recuerde, por una nación. Empecé echando mano a un pañuelo de papel y terminé con la caja entera encima de mi escritorio.

Cuando me calmé, sonó el teléfono. Era Doris que llamaba desde Indianápolis para decirme que ella y otras personas habían estado orando por Japón, y que sentían que el Señor quería que me arrepintiera por el pecado de arrojar la bomba atómica sobre Hiroshima y Nagasaki, un pensamiento que jamás se me había pasado por la cabeza.

Debemos identificarnos personalmente con los pecados de una cierta ciudad o nación si Dios ha de usarnos para remitir sus iniquidades.

Si lo que Dios quería era eso, yo estaba dispuesto a obedecerle; de modo que empecé a leer Nehemías sintiendo que debía compartir aquello con los japoneses. Podía ver claramente que la casa de mi padre había pecado lanzando las bombas atómicas. A pesar de admitir que la decisión de Truman fue una sabia estrategia militar, los norteamericanos aún eran responsables de haber derramado la sangre de miles de civiles japoneses inocentes. Sentía que podía confesar aquello con sinceridad.

«He pecado»

Lo que me causó problema fue la afirmación de Nehemías de que no sólo «la casa de mi padre» sino también «*Yo había pecado* »(Nehemías 1.6). Lo primero que me vino a la mente fue que yo no era más que un niño de quince años el día que terminó la guerra (de hecho el día de la victoria sobre Japón, el 15 de agosto de 1945, coincidió con mi decimoquinto cumpleaños). Yo no luché en la guerra, ni fabriqué ninguna bomba, disparé armas o maté a ningún japonés.

Luego sentí que el Espíritu Santo venía con poder sobre mí y me convencía profundamente de dos cosas: La primera de ellas era que yo había odiado a los japoneses con un odio pecaminoso. La segunda, que en Hiroshima y Nagasaki había también niños de quince años, tan inocentes como yo, que jamás habían disparado un arma o lanzado una bomba, y que ahora estaban muertos o habían quedado inválidos para siempre a causa de la bomba atómica. Mi llanto por el Japón comenzó de nuevo, dos veces más fuerte que antes. Y hasta el día de hoy no puedo compartir esta historia sin perder el control de mis emociones.

En aquel momento aprendí lo que John Dawson quería decir con eso de que debemos identificarnos personalmente con los pecados de una cierta ciudad o nación si Dios ha de usarnos para remitir sus iniquidades. Entendí por qué Nehemías se sentó y lloró e hizo duelo por algunos días (véase Nehemías 1.4).

Casualmente, el lugar en que me alojé en Tokio, el

Hotel Imperial, fue el edificio que el general MacArthur utilizó como cuartel general mientras estuvo en Japón.

Está justo en frente de los jardines del Palacio Imperial, y el auditorio en que enseñaba la Palabra a unos 1.000 cristianos japoneses se encontraba al lado mismo de dichos jardines. Después de una o dos sesiones de enseñanza, pregunté a mi intérprete si podía ayudarme a localizar entre los asistentes a algunos cristianos que hubieran sufrido ellos mismos, o perdido a seres queridos, en Hiroshima y Nagasaki. Quería que representaran al pueblo japonés a quien tenía que pedir perdón.

Víctimas de la bomba atómica

Encontramos dos representantes de Hiroshima. El primero de ellos era un hombre asignado a la oficina militar de telégrafos de la ciudad, que había estado expuesto a la radiactividad y también prestado primeros auxilios a los heridos y retirado varios cadáveres. El segundo era una mujer cuya suegra no había sido herida físicamente en el bombardeo pero aún sufría las secuelas psicológicas del mismo.

También encontramos dos representantes de Nagasaki, el primero era un hombre cuya esposa y cuñada habían estado expuestas a la radioactividad. La cuñada había muerto a consecuencia de ello. El otro, una mujer cuya madre había ido a Nagasaki para ayudar como enfermera y sufrido quemaduras en los brazos y radiaciones secundarias de las que por último se recuperó.

Después de mucha enseñanza sobre la guerra espiritual en el nivel estratégico, y de remitir los pecados de las naciones relacionadas específicamente con la evangelización del Japón y la visión de los diez millones de cristianos japoneses para el año 2000, invité a los cuatro a ponerse a mi lado en la plataforma para explicarles en detalle lo que estaba haciendo. Luego me arrodillé humildemente delante de la congregación y a los cuatro que estaban en la plataforma, les pedí perdón por mis pecados y los pecados de mis padres. Lloré lágrimas de arrepentimiento, y cuando levanté la vista todo el auditorio estaba lleno de pañuelos. Dios estaba haciendo una obra colectiva poderosa. (Como escribió más tarde el pastor Hiroshi Yoshiyama: «La congregación se deshizo en lágrimas de arrepentimiento. Nunca antes habíamos tenido una conferencia como ésa».)

A continuación expresé: «Yo solía odiar a los japoneses, pero ahora los amo profundamente». Y tras pedir perdón por no saber hacer la reverencia japonesa adecuada di a cada uno un abrazo americano.

Seguidamente, el dirigente japonés que actuaba como maestro de ceremonias guió a la congregación en una sesión espontánea y poderosa de arrepentimiento individual y colectivo por parte de su pueblo. Perdonaron a los norteamericanos y pidieron perdón también por pecados, según ellos, peores que ninguno que hubieran cometido jamás los estadounidenses. Paul Yonggi Cho, quien como coreano tiene su propia colección de sentimientos acerca de los japoneses, me dio un abrazo americano y me dijo que él también se había quebrantado y llorado bajo el poder del Espíritu Santo, sintiendo las importantes victorias espirituales que habían sido conseguidas ese día.

No es necesario decir que aquella fue una experiencia espiritual que jamás olvidaré.

¿Qué sucedió en realidad?

Hasta el día de hoy me siento humillado por el hecho de que Dios escogiera utilizarme a mí como instrumento para remitir los pecados de una nación. Pero ¿qué sucedió en realidad? ¿Qué efecto tuvo aquello?

En primer lugar, no creo que las relaciones políticas entre japoneses y norteamericanos cruzaran ningún umbral especial ese día. Pienso que para que eso llegara a pasar, los participantes tendrían que ser aquellos que ostentan la autoridad nacional, y no un simple profesor de seminario.Ciertamente mucho más se hizo en el terreno político algunas semanas después, cuando el Fiscal general de Estados Unidos, Dick Thornburgh, se arrodilló humildemente ante Mamuro Eto, un anciano pastor americano-japonés de 107 años de edad, en Washington D.C., y en una ceremonia oficial pidió perdón por las acciones de los Estados Unidos contra sus ciudadanos de origen nipón durante la Segunda Guerra Mundial. En dicha reunión Thornburgh entregó cheques de 20.000 dólares a cada uno de los nueve ancianos y dijo que otras 65.000 personas recibirían pronto pagos de compensación semejantes. Con motivo de aquello, el presidente Bush escribió: «Jamás podremos restituir plenamente los agravios del pasado, pero sí podemos tomar una postura clara a favor de la justicia y reconocer que durante la Segunda Guerra Mundial se cometieron injusticias serias contra los americanos-japoneses».[12]

Al mencionar esto, no estoy implicando que hubo una relación de causa y efecto entre lo que hicimos en Tokio y lo que sucedió en Washington. Pero opino que en Tokio algo sucedió en las regiones celestes. Hasta qué grado no lo sé, pero estoy seguro que los espíritus territoriales del Japón recibieron un importante revés.

El diario *Los Ángeles Times* informa que en 1991 el Japón conmemoró el final de la II Guerra Mundial «en medio de un extraño florecer de contrición por su agresión en la guerra». (*Los Ángeles Times*, 13 de agosto de 1991, «World Report», p. 1.) Se necesita mucho más arrepentimiento, confesión, perdón y humildad antes de que veamos los cambios radicales en cuanto a la receptividad del evangelio entre los japoneses por la que estamos orando.

Los cambios no son fáciles de medir. A medida que adquiramos experiencia en la oración de guerra esperamos aprender a ser más efectivos. Una de las cosas que tenemos que reconocer es el concepto de la relación espiritual entre lo visible y lo invisible.

LO VISIBLE Y LO INVISIBLE

John Dawson dice que hacemos bien en pedir a Dios que nos ayude a discernir las fuerzas espirituales invisibles que están detrás de los problemas visibles de la ciudad. Los cristianos, según él: «Leemos en el periódico noticias de violencia ocasionadas por pandilleros, otras sobre la corrupción del gobierno, y también sobre el maltrato de niños, sin establecer claramente la conexión con el verdadero conflicto en el reino invisible». Y añade: «Yo participo en la acción política y social, pero me doy cuenta que elegir a buenas personas para un puesto no es ni la mitad de importante que ganar la victoria sobre los principados mediante la oración unida».[13]

Un pasaje bíblico clave para comprender esto es la revelación general que encontramos en Romanos 1. Allí se nos dice que los atributos invisibles de Dios se ven claramente, siendo entendidos por medio de las cosas hechas (véase Romanos 1.20). Uno de los propósitos de la creación es manifestar la gloria del Creador. Sin embargo, Satanás y las fuerzas del mal han corrompido esto. Ellos «cambiaron la gloria del Dios incorruptible en semejanza de imagen de hombre corruptible, de aves, de cuadrúpedos y de reptiles» (Romanos 1.23). A consecuencia de ello, muchas cosas creadas ahora glorifican a Satanás en vez de a Dios, y la gente está «honrando y dando culto a las criaturas antes que al Creador» (Romanos 1.25).

Esto es exactamente lo que ha sucedido en Japón. Dios creó el sol para que reflejara su eterna gloria y majestad. Los espíritus territoriales que gobiernan sobre la nación nipona lo han pervertido, haciendo que Japón llegara a ser conocido como la «tierra del sol naciente». El único objeto de la bandera japonesa es el sol, y sin embargo en ese país no se exalta al eterno Dios que lo creó, sino a una criatura: *Amaterasu Omikami*, la diosa del Sol. Los dirigentes cristianos japoneses están orando para que esto cambie y el sol de la bandera japonesa represente al Dios eterno y no al principado perverso. Creen que el versículo: «Y temerán desde el occidente el nombre de Jehová, y desde el nacimiento del sol su gloria» (Isaías 59.19, cursiva del autor), se aplica proféticamente al Japón.

Para comprender la dinámica espiritual de la remisión de los pecados de naciones y ciudades es esencial actuar «no mirando nosotros las cosas que se ven, sino las que no se ven; pues las cosas que se ven son temporales, pero las que no se ven son eternas» (2 Corintios 4.18).

Aprender a ver lo eterno y lo invisible es una parte importante de la oración de guerra eficaz.

PREGUNTAS PARA REFLEXIONAR

1. Haga usted una lista de los pecados que su país ha cometido contra otras naciones, y luego enumere algunos de los que otras naciones han cometido contra la suya.

2. Piense en uno de los segmentos de población más oprimidos de su país.comente el concepto de remitir los pecados de las naciones y lo que podría suponer para las potestades espirituales sobre esa gente.

3. Si la muerte de Jesús en la cruz derrotó a Satanás, ¿por qué tiene el diablo tanto poder en nuestros días?

4. Suponga que identifica usted los pecados de una nación o una ciudad que necesitan ser remitidos. ¿Cómo sabría usted dónde o cuando debe hacerlo?

5. Dé algunos ejemplos de cómo alguna gente que usted conoce o de la que ha oído hablar «adora y sirve a la criatura antes que al Creador».

Notas

1. Francis Frangipane, The House of the Lord (Lake Mary, FL: Creation House, 1991), p. 153.
2. Thomas B. White, The Believer's Guide to Spiritual Warfare (Ann Arbor, MI: Servant Publications, 1990), p. 15.
3. Cindy Jacobs, Possessing the Gates of the Enemy (Tarrytown, NY: Chosen Books, 1991), p. 32.
4. Gwen Shaw, Redeeming the Land (Engeltal Press, P.O. Box 447, Jasper, Arkansas 72641, 1987), p. 81.
5. George Otis hijo, The Last of the Giants (Tarrytown, NY: Chosen Books, 1991), p. 93.
6. Jacobs, Possessing the Gates, pp. 235-236.
7. Charles Kraft, Christianity with Power (Ann Arbor, MI: Servant Publications, 1989), p. 129.
8. Shaw, Redeeming the Land, pp. 81-104
9. John Dawson, La reconquista de tu ciudad (Minneapolis, MN: Editorial Betania, 1991), p. 17.
10. Ibid., p. 70.
11. Ibid., 161.
12. Ronald J. Ostrow, "First 9 Japanese WWII Internees Get Reparations", Los Angeles Times, 10 de octubre de 1990, p. 1.
13. John Dawson, La reconquista de tu ciudad (Minneapolis, MN: Editorial Betania, 1991), p. 116.

Nombres y cartografía de las potestades

Mientras escribo este libro, el mundo se angustia por uno de los peores desastres naturales de los últimos tiempos. En mayo de 1991, Bangladesh fue asolada por un terrible ciclón que dejó un saldo aproximado de 200.000 muertos y millones de heridos, enfermos, empobrecidos, gente sin hogar y sin esperanza.

La revista *Time* reveló en un informe que de los diez huracanes más mortíferos ocurridos en el siglo XX, siete azotaron a Bangladesh. Los meteorólogos no se ponen de acuerdo en por qué el 70 por ciento de las peores tempestades han de suceder en un área específica, pero el poeta bengalí Rabindranath Tagore hace cien años ofreció una hipótesis que atribuye el fenómeno a Rudra, el dios indio de los huracanes.[1]

¿QUÉ HAY EN UN NOMBRE?

En este capítulo quiero referirme a los nombres de los seres espirituales en general y a los de los espíritus territoriales en particular. Considere los siguientes escenarios geográficos:

Calcuta, India. Robert Linthicum es pastor, erudito y consultor en temas de ayuda y desarrollo para World Vision. También ha escrito *City of God; City of Satan* [Ciudad de Dios, ciudad de Satanás], que constituye un extraordinario tratado teológico sobre la iglesia urbana.

Linthicum llega a Calcuta por primera vez y se siente casi abrumado por una siniestra sensación de maldad, tenebrosa y penetrante. A pesar de ser un viajero asiduo a muchas de las zonas metropolitanas del planeta percibe que aquello es diferente. Allí se encuentra la peor pobreza del mundo urbano, «una ciudad de sufrimiento, enfermedad e indigencia más allá de lo que ninguna palabra logre expresar con propiedad».

A lo largo de toda la semana, un cuadro corriente que contempla es el de jóvenes varones desfilando alegremente por las calles al son de una música muerte, tocando tambores y tirando petardos. Esos jóvenes estaban participando en la fiesta anual de la diosa hindú Kali, que controla la ciudad. La palabra Calcuta se deriva del nombre de ese espíritu. Linthicum expresa: «Esos jóvenes acababan de dejar el templo de Kali, en el cual habían prometido sus mismas almas a la diosa». A cambio de ello esperaban recibir bienes materiales que rompieran el círculo vicioso de la pobreza.

«¿Quién es Kali que reúne las almas de los jóvenes?» —pregunta Robert Linthicum—. «En el panteón hindú ella es la diosa de las tinieblas, del mal y de la destrucción, a quien toda la ciudad está dedicada».[2]

Anaheim, California. Larry Lea, reconocido como uno de los dirigentes más destacados del actual movimiento de oración, llega a Anaheim para dirigir el primero de lo que se ha convertido en una larga serie de «Ataques de penetración en la oración». Su propósito declarado es «infligir graves daños a las fortalezas [del enemigo] de esa ciudad».[3]

Antes de ir a Anaheim, Larry Lea buscó el rostro de Dios y, entre otras cosas, le pidió que le mostrara la identidad de las fortalezas satánicas en aquella parte del Sur de California, a fin de poder orar más específicamente. A través de la oración, Lea discernió que había cuatro principales espíritus batalladores sobre la zona de Los Angeles: espíritus de religión, de brujería, de violencia y de codicia. Una vez comprendido esto, guió a los 7.500 creyentes que asistían a aquella multitudinaria reunión de oración en el Centro de Convenciones de Anaheim, en la oración de guerra contra aquellos espíritus específicos.

Manaos, Brasil. Kjell Sjöberg, un antiguo misionero sueco en Pakistán y fundador de iglesias en Suecia, viaja ahora internacionalmente con equipos de oración especializados en la intercesión en el nivel estratégico.

Sjöberg llega a Manaos, capital del estado de Amazonas, Brasil, y empieza a enseñar a los creyentes cómo remitir los pecados de las naciones. Luego le dicen que en Amazonas hay una grave crisis del medio ambiente debido a la explotación y destrucción en masa de la extensa selva tropical tan importante para la ecología de aquella área.

Mientras él y otros creyentes oran a Dios pidiéndole que les revele las fortalezas del enemigo sobre esa zona, visitan la renombrada y lujosa Casa de la Ópera, construida por los magnates del caucho para usarla como templo en honor a la diosa Iara. Allí hay un enorme mural situado sobre el escenario, el cual representa a una mujer en un río, y que resulta ser una representación del espíritu territorial Iara, madre de los ríos, quien gobernaba el área mucho antes de que Colón descubriera América.

Cuando Sjöberg expuso a Iara como principado más alto sobre la región, el pastor anfitrión dijo: «Antes de ser cristiano yo era un adorador de Iara». Luego oraron juntos para que el poder de Iara fuera roto y se sanará la selva tropical de Amazonas.[4]

¿Tienen realmente nombres los espíritus?

¿Qué decimos al oír que ciertos dirigentes cristianos creen que han identificado realmente *por nombre* a los espíritus territoriales? ¿Qué se nos pasa por la cabeza cuando escuchamos hablar de Rudra o Iara, o del espíritu de codicia o de violencia? Puede parecernos extraño, hasta que recordamos que algunos de ellos son nombrados de un modo igual de específico en la Biblia.

Jesús mismo preguntó y descubrió el nombre de un espíritu muy poderoso llamado Legión (véase Lucas 8.30). Algunos dicen que se trata sólo de una descripción numérica, pero fuera lo que fuese, surgió como respuesta a la pregunta de Jesús: «¿Cómo te llamas?» y de manera específica, se nombra Diana (Artemisa) de los efesios. (véase Hechos 19.23-41). Y en Filipos, una chica esclava había estado poseída por un espíritu de adivinación—en griego «de pitón»—(véase Hechos 16.16).

Naturalmente, nosotros conocemos el nombre del principal espíritu maligno de todos: Satanás. Beelzebú (véase Lucas 11.15), el «señor de las moscas», tiene un rango tan elevado que algunos lo equiparan al diablo.

En Apocalipsis leemos de nombres tales como Muerte (Apocalipsis 6.8), Hades (Apocalipsis 6.8), Ajenjo (Apocalipsis 8.11), Abadón o Apolión (Apocalipsis 9.11), la ramera Apocalipsis 17.1), la bestia (Apocalipsis 13.1), el falso profeta (Apocalipsis 19.20) y otros.

En el Antiguo Testamento, los nombres de espíritus tales como Baal (2 Reyes 21.3), Astoret (1 Reyes 11.5) y Milcom (1 Reyes 11.5) son bastante corrientes, y algunos de ellos tienen parientes espirituales como Baal-gad, señor de la buena fortuna (Josué 11.17), Baal-berit, señor del pacto (Jueces 8:33) o Baalat-beer, señora del pozo (Josué 19.8).

También se han llegado a conocer otros nombres de espíritus aparte de la Biblia, y aunque nadie sabe lo exactos que éstos puedan ser, aquellos con experiencia en el campo de la demonología y la angelología parecen haber alcanzado cierto consenso en cuanto a algunos como Asmodeo, prominente en el libro apócrifo de Tobías y al que se hace referencia como «el malvado demonio» (Tobías 3.8).

Markus Barth nos dice que «la literatura apocalíptica judía y los escritos sectarios describen a los demonios Mastema, Azazel, Sammael o el archienemigo Beliar (o Belial) por sus atributos correspondientes».[5] En su *Dictionary of Angels, Including the Fallen Angels* (Diccionario de los ángeles, incluidos los ángeles caídos), Gustav Davidson enumera cientos de nombres de espíritus malos que han salido a luz desde tiempos antiguos.[6] Otra de esas fuentes es el *Dictionary of Gods and Goddesses, Devils and Demons*, [Diccionario de dioses, diosas, diablos y demonios] de Manfred Lurker.[7]

No estoy enumerando estos nombres y fuentes con el objeto de glorificar a los espíritus malos, sino a fin de desenmascararlos y hacerlos más vulnerables al ataque. En este momento simplemente quiero argüir que muchos espíritus tienen realmente nombres. Estos, no sólo han sido conocidos a lo largo de la historia, sino que los antropólogos y los expertos en misiones que viven actualmente entre ciertos grupos étnicos del mundo descubren que los principados y las potestades son conocidos por sus nombres hoy en día.

Pocos visitantes de Hawaii, por ejemplo, no han sido informados de que el principado que domina la Gran Isla es la diosa del volcán, Pele. Vernon Sterk dice que los tzotziles, entre los que él trabaja en México, «conocen muy bien los nombres de muchos espíritus territoriales que habitan en el área y las aldeas de su tribu. Incluso son capaces de nombrar algunos de los que ocupan casas y arroyos».[8] En Bolivia, donde trabajé durante años, el imponente poder espiritual de Inti, el dios sol, y Pachamama, la madre tierra, no tenía rival para la mayoría de la población. Y es del dominio público que algunos aborígenes australianos «pueden sentir los espíritus de la tierra: algunas veces los huelen, otras los oyen y otras los ven».[9] Conocen sus nombres demasiado bien.

Llamar a los espíritus por sus nombres

El reconocer que los espíritus malos tienen nombres, suscita otras cuestiones tales como, cuán importante es conocer dichos nombres y, en caso de conocerlos, si deberíamos utilizarlos en la oración de guerra.

En primer lugar es útil distinguir entre los nombres propios y los nombres funcionales. Kali, Iara, Ajenjo, Artemisa y Pele son ejemplos de nombres propios. Un espíritu de violencia, el falso profeta o un espíritu de brujería son nombres funcionales que enfatizan lo que esos demonios hacen. John Dawson, por ejemplo, asocia con Nueva York un espíritu de amor al dinero, con Chicago uno de violencia, y con Miami uno de intriga política. Dawson dice: «No es necesario saber el nombre exacto de los demonios en cualquier nivel, pero sí es importante darse cuenta de la naturaleza específica o tipo de opresión».[10]

Esto es confirmado por muchos que tienen ministerios de liberación al ras del suelo. He observado algo así como un patrón de comportamiento con ciertos amigos míos que ejercen ministerios fuertes de liberación personal. Cuando empiezan, a menudo provocan a los demonios a que hablen de sí mismos y revelen sus nombres y actividades. Les parece que en este choque abierto pueden estar más seguros de si están obteniendo la victoria y en qué momento se va realmente el demonio. Creo que esto constituye una metodología válida. Sin embargo, a medida que obtienen más pericia, experiencia y discernimiento espiritual, muchos de estos ministerios abandonan tales métodos y atan a los espíritus negándose a permitirles que hablen, den sus nombres o se manifiesten de cualquier otro modo. Esta forma silenciosa parece ser igual o, en ciertos casos, incluso más eficaz.

Una vez dicho esto, hemos de reconocer que los que tratan de manera asidua con los niveles más altos del mundo espiritual concuerdan en que, aunque conocer los nombres propios tal vez no sea imprescindible en muchas ocasiones ayuda. Y la razón es que parece haber más poder en un nombre de lo que muchos de nosotros en nuestra cultura podemos pensar.

Rumpelstilchen

Muchos de nosotros recordamos el cuento de *Rumpelstilchen*, que nos contaron cuando éramos niños. Esta anécdota del folklore alemán se relaciona claramente con las fuerzas demoniacas. El «enano saltarín»[1] tiene acceso al poder sobrenatural, lo que le permite hilar paja y convertirla en oro a fin de salvar la vida de la novia del rey. Obviamente, este poder sobrenatural no viene de Dios, ya que el precio de Rumpelstilchen por su servicio no es ni más ni menos que el primer hijo de la joven.

Al nacer el pequeño, la chica quiere volverse atrás, pero el enano sólo le permitirá hacerlo si cumple la improbable condición de adivinar su nombre. Cuando ella lo logra, el maleficio queda roto. La historia tiene un final feliz, y nos permite ver que en el mundo demoniaco, conocer un nombre propio puede resultar importante.

No estoy utilizando un cuento de hadas para demostrar un principio espiritual, sino sólo como ilustración bien conocida de la importancia que pueden tener los nombres en la visión del mundo de alguna gente (como por ejemplo los alemanes que vivieron antes de la era cristiana) que se encuentra bajo fuerte presión demoniaca. Clinton Arnold afirma que «la invocación de nombres de 'poderes sobrenaturales' era fundamental para la práctica de la magia» en el Efeso del primer siglo.[11] Y Vernon Sterk dice que entre los tzotziles, «los chamanes presumen de invocar los nombres reales de cada uno de los diferentes espíritus y deidades cuando tienen casos difíciles».[12]

El *Diccionario de Teología del Nuevo Testamento* lo resume bien: «En la fe y el pensamiento de prácticamente todas las naciones, el nombre está inextricablemente ligado a la persona, ya sea el de un hombre, un dios o un demonio. *Cualquiera que conoce el nombre de un ser puede ejercer poder sobre el mismo» (énfasis del autor).*[13]

> *Los guerreros espirituales experimentados han descubierto que, por lo general, cuanto más específicos seamos en nuestra oración de guerra, tanta más eficacia tendremos.*

Poniendo esto en práctica

Los guerreros espirituales experimentados han descubierto que, por lo general, cuanto más específicos seamos en nuestra oración de guerra, tanta más eficacia tendremos. Dean Sherman, de Juventud con una Misión, dice por ejemplo: «Dios nos mostrará cuál es el espíritu influyente en particular, de modo que nuestras oraciones puedan ser específicas. Entonces podremos quebrar esos poderes en el nombre de Jesús e interceder para que el Espíritu Santo venga y sane la situación». Sherman está de acuerdo en que: «Cuanto más específicos seamos al orar, tanto más eficaces serán nuestras oraciones».[14]

El urbanólogo Bob Linthicum insiste en algunos de sus talleres urbanos en que los participantes identifiquen al «ángel de su ciudad». Deben nombrarlo, describirlo y hablar de cómo se manifiesta en los diferentes aspectos de la vida local, incluyendo en sus iglesias. Linthicum expresa: «Este ejercicio siempre resulta lo más estimulante del taller». Y se tiene la sensación de que los participantes empiezan a comprender su ciudad de un modo más profundo. La conclusión de Bob Linthicum es que «ser capaz de nombrar al ángel de su ciudad y de comprender cómo actúa, desenmascara a éste y le capacita a usted para entender las dimensiones que debe tomar el ministerio de la iglesia para confrontar verdaderamente a los principados y las potestades».[15] Esto tiene mucho que ver con el hecho de que el primer libro de la trilogía de Walter Wink sobre los principados y potestades se llame *Naming the Powers* (Los nombres de las potestades).

Dick Bernal, uno de los pioneros de la guerra espiritual contemporánea en el nivel estratégico, dice: «No puedo ser demasiado enfático: Al tratar con los principados y los gobernadores de las regiones celestes, debe identificarse a los mismos».[16] Y cuando Larry Lea ora por su congregación, a menudo se dirige a los principados hacia el norte, el sur, el este y el oeste de la iglesia como si fueran personas. Lea dice, por ejemplo: «Norte, tienes gente que Dios quiere que llegue a ser parte de mi iglesia. Te ordeno, en el nombre de Jesucristo, que dejes libre a toda persona que tenga que convertirse en parte de este cuerpo».[17]

En resumen, que aunque no siempre sea necesario nombrar a las potestades, si pueden descubrirse sus nombres, ya sean funcionales o propios, por lo general esto ayuda a enfocar la oración de guerra.

LA CARTOGRAFÍA ESPIRITUAL

Un área relativamente nueva de investigación y ministerio cristiano que guarda estrecha relación con el nombrar a las potestades, es la llamada «cartografía espiritual». Las figuras clave en el desarrollo y la definición de este campo son David Barrett, de la Junta de Misiones Extranjeras de los Bautistas del Sur, Luis Bush, del Movimiento A.D. 2000 y George Otis hijo, de The Sentinel Group (Grupo de centinelas).

Barret, que editó la imponente *World Christian Enci-*

clopedia [Enciclopedia cristiana mundial] y posee la base de datos estadísticos más amplia acerca del cristianismo mundial jamás recopilada, pudo discernir un área que abarcaba desde el Norte de África, pasando por el Oriente Medio y algunos sectores de Asia, hasta el Japón. Sus cálculos, asistidos por ordenador, mostraban que por lo menos el 95 por ciento de la población mundial sin alcanzar y el número mayor de no cristianos residen en esa área.

La ventana 10/40

Luis Bush, por su parte, observó que esta zona estaba situada entre las latitudes 10° y 40° norte, y trazó un rectángulo en el mapa al que llamó «Ventana 10/40». Esta ventana está llegando a ser reconocida por los expertos en misiones como el área más decisiva en la que deben concentrarse las fuerzas de evangelización mundial durante la década de los 90. Dentro de dicha área se encuentran los centros del budismo, confucionismo, hinduismo, Islam, sintoísmo y taoísmo.

George Otis hijo dice: «Al albergar los centros neurálgicos de estas religiones —y al 95 por ciento de la población mundial aún no alcanzada—, los países y las sociedades de la Ventana 10/40 no pueden evitar convertirse en el principal campo de batalla espiritual de los años 90 y posteriores. Y cuando el épico conflicto se desvele, las operaciones del enemigo serán con toda probabilidad dirigidas desde dos poderosas fortalezas, Irán e Irak, situadas en el epicentro de la ventana».[18] Otis señala que la guerra espiritual en el nivel estratégico parece estarse intensificando en el mismo lugar geográfico donde empezó: el huerto del Edén.

Esta clase de discernimiento es parte de la cartografía espiritual. Se trata de un intento de ver determinada ciudad, nación o el mundo entero «como es en realidad, no como parece ser».[19] Está basado en la suposición de que detrás de la realidad natural se halla la espiritual, y toma en serio la distinción entre lo visible y lo invisible, como expliqué en el capítulo anterior. El apóstol Pablo dice: «No mirando nosotros las cosas que se ven, sino las que no se ven» (2 Corintios 4.18).

Otis explica que la cartografía espiritual «implica superponer nuestra comprensión de las fuerzas y los acontecimientos en el terreno espiritual a ciertos lugares y circunstancias del mundo material». El resultado de ello es un mapa que difiere de cualquier otro que hayamos podido ver hasta ahora. «En este nuevo mapa del mundo —sigue diciendo—, las tres superpotencias espirituales que hemos examinado —el hinduismo, el materialismo y el Islam— no son entidades en sí mismas, sino más bien medios por los que una extensa jerarquía de poderosas autoridades demoniacas controlan a miles de millones de personas».[20]

Dean Sherman sugiere que una razón por la que debemos trazar mapas espirituales es que Satanás ya ha hecho los suyos. «Como cualquier buen general, los planes de Satanás para gobernar la tierra han comenzado con buenos mapas...el diablo conoce su campo de batalla». La experiencia de Sherman corrobora esto. «En Los Angeles —explica—, me he mudado de un suburbio a otro y he podido experimentar un cambio de territorio espiritual». Recomienda que estudiemos los mapas, ya que «orando geográficamente perturbaremos al diablo y obstaculizaremos sus planes».[21]

La cartografía espiritual en la Biblia
Algunos preguntarán naturalmente si tenemos alguna garantía bíblica para el trazado de mapas espirituales.

Un apoyo teológico para ello gira en torno al concepto de lo visible y lo invisible, que ya mencioné anteriormente (véase el capítulo 7). En cuanto a ejemplos específicos la Escritura nos da por lo menos uno.

En un momento dado, Dios habló a Ezequiel y le dijo: «Tú, hijo de hombre, tómate un adobe, y ponlo delante de ti, y diseña sobre él la ciudad de Jerusalén» (Ezequiel 4.1). Ezequiel tenía que trazar un mapa sobre un pedazo de arcilla, el equivalente del papel en aquellos días. Luego, Dios le dijo: «Pondrás contra ella sitio». Obviamente no se trataba de una referencia a la batalla física, sino a la guerra espiritual. Seguidamente el profeta había de tomar una plancha de hierro y colocarla entre sí mismo y la ciudad a manera de muro, y también poner sitio contra éste.

Nuestros mapas espirituales de los años 90 no se trazarán sobre tablas de arcilla, sino que, sin lugar a dudas, serán generados por ordenadores e impresos mediante impresoras laser a color. Pero creo que Dios quiere que seamos como Ezequiel y pongamos sitio contra las fortalezas del enemigo, ya se encuentren éstas en ciudades como Jerusalén, en vecindarios, en grupos étnicos sin alcanzar o en naciones enteras.

El trazado de los mapas

La cartografía espiritual es un empeño tan nuevo, que todavía no tenemos ni cursos en los seminarios para adiestrar a esa clase de cartógrafos, ni manuales «hágalo usted mismo» para principiantes. Una cosa sabemos sin embargo, y es que los mapas espirituales precisos están basados en la investigación histórica de calidad. Varias de las personas que han adquirido cierta pericia en la guerra espiritual a nivel estratégico dan consejos valiosos para los investigadores.

> *La guerra espiritual en el nivel estratégico parece estarse intensificando en el mismo lugar geográfico donde empezó: el huerto del Edén.*

Tom White, por ejemplo, dice: «Comience estudiando las ideologías, las prácticas religiosas y los pecados culturales que pueden invitar a los demonios a entrar y a perpetuar sus ataduras en la localidad donde usted reside. Las ciudades o los territorios pueden poseer atmósferas espirituales características». También es útil investigar las condiciones originales en las que se fundó una ciudad. Y lo mismo puede decirse de los edificios.White habla de una Facultad Teológica Presbiteriana en Taiwan que estaba teniendo visitaciones molestas de espíritus malos por las noches. La investigación mostró que la escuela había sido construida sobre un cementerio budista.[22]

A aquellos que tengan interés en saber más acerca de los métodos que se utilizan en la investigación espiritual, les recomiendo los libros de dos de los dirigentes más destacados en este campo: *Possessing the Gates of the Enemy*[23], [Poseyendo las puertas del enemigo] de Cindy Jacobs, y *La reconquista de tu ciudad*, (*The Reconquest Of Your City*) de John Dawson.[24] Cindy Jacobs presenta una lista de siete preguntas que deben hacerse y John Dawson otra de veinte.

Naturalmente, no todo se descubre mediante la investigación. El discernimiento de espíritus es un don espiritual sumamente valioso, ya que gracias a él el Espíritu Santo proporciona percepciones especiales a los cartógrafos. En muchos casos, ambas cosas van

juntas: el estudio suscita preguntas que llevan a inter-
pretaciones espirituales proféticas de los datos obteni-
dos. Como expresa Tom White: «Aprenda a hacer preguntas y escuche las respuestas del Señor».[25]

Los mapas de Guadalajara
No hace mucho visité por primera vez la ciudad mexicana de Guadalajara. Me habían invitado a dar una
conferencia sobre el crecimiento de la iglesia a cerca de
doscientos directivos denominacionales de la Iglesia de
Dios Mexicana (Cleveland, TN).

Cuando llegué, me encontré con una ciudad de seis
millones de habitantes que tenía sólo 160 iglesias
evangélicas. Era algo asombroso, ya que se suponía que
en la década de los 90 ningún área importante de
América Latina contaba con menos de un 5 por ciento
de población protestante. Muchas se hallaban entre el
10 y el 20 por ciento, y la vecina Guatemala alcanzaba
el 30 por ciento. Con el citado mínimo del 5 por ciento,
Guadalajara hubiera tenido 1.500 iglesias en vez de
160, y al nivel de Guatemala el número de las mismas
habría sido de 9.000.

¿Qué era lo que pasaba?

Al sopesar la situación, una de las cosas que creo me
mostró el Espíritu Santo fue que aquellos pastores
mexicanos eran dirigentes cristianos de gran calidad.
Imaginé el cuadro de los 200 ministros mexicanos en
una habitación frente a 200 pastores guatemaltecos. Si
los hubiera examinado en teología, ambos grupos habrían sacado aproximadamente la misma nota. De
haberles hecho una prueba de moralidad no hubiera
habido ninguna diferencia significativa. Y lo mismo
habría sucedido si hubiese llevado a cabo un estudio
sobre su espectro denominacional, sus métodos de

evangelización o su motivación para evangelizar. ¿Cuál era entonces la variable? ¿Cómo podemos explicar el crecimiento explosivo de la iglesia a un lado de determinada frontera y la firme resistencia al evangelio del otro lado de la misma?

Me vino a la mente que los causantes de aquella disparidad en cuanto al crecimiento de la iglesia no eran los pastores mexicanos. Esos ministros no necesitaban que se les mostrara enfado, se les riñera o se les transmitiera un sentimiento de culpa de ninguna otra manera. ¡Ellos eran víctimas! Víctimas de las fuerzas espirituales perversas que habían sido aparentemente debilitadas en Guatemala pero permanecían afianzadas en Guadalajara.

Al comenzar a hablar a aquellos pastores sobre estos asuntos, me sentí sorprendido en cierto modo al comprobar que entre ellos había muy poca conciencia de la guerra espiritual en el nivel estratégico. No me hubiera asombrado tanto en caso de haberse tratado de bautistas o presbiterianos, pero ellos eran pentecostales.

"El rincón del diablo"

Volví a mi hotel muy inquieto y una vez allí oré a Dios pidiéndole que me diera discernimiento. Luego bajé por una taza de café y el Señor contestó mi oración antes de lo que yo esperaba.

Por casualidad tomé en mis manos una revista turística y en ella descubrí cuál era el trono de Satanás en Guadalajara. En el centro de la ciudad se encuentra la Plaza Tapatía, y en la lista de los lugares que se aconsejaba visitar en dicha plaza, estaba «*El rincón del diablo*» (The Corner Of The Diable).

Movido por la curiosidad, pregunté por el sitio al pastor que me estaba sirviendo de conductor para ir a la Plaza Tapatía. Cuando nos encontrábamos a tres o cuatro manzanas de casas de allí, oré en voz alta sentado en el asiento delantero del coche, pidiendo protección.

Pude ver que mi amigo se mostraba algo sorprendido de ello. Estacionamos el automóvil y atravesamos la plaza hasta «El rincón del diablo». Cuando vi lo que allí había sentí escalofríos en la columna vertebral. Hermosamente grabado en la acera de mármol había una brújula que señalaba hacia el norte, el sur, el este y el oeste. ¡Por medio de aquello, Satanás había reclamado simbólicamente control absoluto de la ciudad!

Volviendo luego al lugar de la conferencia, mi amigo expresó:«Ha sido una extraña experiencia para mí. He estado en la Plaza Tapatía cientos de veces y jamás he sentido como hoy esa cubierta de opresión espiritual sobre mí».

Yo le respondí: «No se asombre. Esos cientos de veces anteriores la visitó usted como turista y los principados no tienen problemas con que los turistas entren en su territorio. Pero esta vez ha ido usted como enemigo invasor, y aparentemente las fuerzas del mal lo sabían y han respondido en consecuencia». Entonces me dijo que ahora entendía por qué yo había orado pidiendo protección.

En mi siguiente sesión de enseñanza conté al grupo aquella experiencia de cartografía espiritual básica. Respondieron muy bien al relato señalando que probablemente ellos jamás habrían hecho tal cosa ya que no tenían conciencia de esa clase de enfoque.

Luego se levantó el pastor Sixto Jiménez, que era uno de los pocos del grupo que vivían en la misma Guadalajara y que ocupaba el cargo de superintendente de la región. Jiménez dijo que, sin saber mucho acerca de la oración de guerra, un grupo de sesenta pastores pertenecientes a diferentes denominaciones de toda la ciudad habían empezado a reunirse una vez al mes, medio año antes, para orar. «El domingo pasado —añadió luego— tuvimos 26 bautismos en nuestra iglesia, ¡el número más alto en toda la historia!» Me regocijé con ellos de que Dios ya estuviera debilitando a los principados y potestades que durante tanto tiempo habían mantenido cegados los entendimientos de los habitantes de Guadalajara.

DE REGRESO A ARGENTINA

A lo largo de este libro he hecho frecuentes referencias a Argentina como un laboratorio principal en el que algunos de nosotros estamos probando las teorías de la guerra espiritual en el nivel estratégico. Una de las claves de los importantes resultados evangelísticos en la ciudad de Resistencia fue nombrar a los espíritus que dominaban el lugar: Pombero, Curupí, San La Muerte, Reina del Cielo, brujería y Francmasonería (véase el capítulo 1). Bajo la instrucción particular de Cindy Jacobs, los pastores argentinos oraron vigorosamente y de un modo específico contra esos principados, y los tres grandes murales de la plaza principal ayudaron considerablemente a ello.

Cindy dijo de aquellos murales: «Esos paneles son como un mapa del reino espiritual que revela los planes y las intenciones del enemigo». Luego señaló que una enorme serpiente pintada representaba la brujería, la cual tenía ya varios peces cristianos en su estómago. Las aves volando significaban los espíritus religiosos y la figura ósea que tocaba el violín representaba a San La Muerte. Una silueta en forma de nube con el sol y la luna simbolizaba a la Reina del Cielo.[26]

El caso de Resistencia muestra que el nombrar a las potestades y la cartografía espiritual van juntos.

El siguiente objetivo para Harvest Evangelism [Cosecha de evangelización], de Edgardo Silvoso es un embate evangelístico de tres años de duración en la ciudad de La Plata, justo al sur de Buenos Aires. La cartografía espiritual de esta localidad de 800.000 habitantes le ha sido encomendada a Víctor Lorenzo, un joven pastor argentino con dones de discernimiento de espíritus.

Simbolismo masónico

Víctor Lorenzo ha descubierto que La Plata fue fundada hace poco más de un siglo por Dardo Rocha, un masón de alto rango. Rocha diseñó la ciudad según los dictados del simbolismo y la numerología masónica. Puso dos avenidas diagonales que cruzaban la ciudad formando una pirámide simbólica, y luego fue a Egipto, trajo de allá varias momias y las enterró en lugares estratégicos, tratando de garantizar que la ciudad permanecería bajo el control demoníaco que él estaba ayudando a manipular.

La enorme Plaza Moreno, en frente de la catedral principal, tiene cuatro estatuas de bronce de hermosas mujeres cada una de las cuales representa una maldición sobre la ciudad. Fueron encargadas a un taller de fundición de París regido por masones. La única otra estatua de la plaza es un musculoso arquero con un arco entesado. El arco apunta directamente adonde debiera estar situada la cruz de encima de la catedral, ¡pero la catedral no tiene cruz! Aparentemente debe entenderse que el malvado arquero ha eliminado a Cristo crucificado (con frecuencia los católicos utilizan un crucifijo en vez de una cruz vacía) del centro del cristianismo en esa ciudad.

En línea recta desde la fachada de la catedral están las sedes del poder: el Ayuntamiento, la Junta provincial, la Asamblea legislativa, la Jefatura de policía, el teatro municipal y otros edificios semejantes. Todos ellos se encuentran en lo que sería la 52ª Avenida de La Plata, pero no hay calle. En cambio, por debajo de todos esos edificios pasa un túnel en el que se celebraban —y posiblemente aún se celebren— rituales masónicos.

El número seis resulta prominente en el trazado de la ciudad, y en la arquitectura de los edificios públicos aparece una y otra vez el 666. Grotescas caras demoníacas, maravillosamente pintadas y adornadas, forman una parte destacada de la decoración de muchas de las construcciones. Víctor Lorenzo ya ha descubierto muchas más pruebas, y Dios le proporcionará aún más a medida que continúe haciendo la cartografía espiritual de La Plata.

Necesito repetir lo que he dicho a menudo: El poder nombrar a las potestades y la cartografía espiritual no deben considerarse fines en sí mismos, ni mucho menos medios de glorificar a Satanás y a sus fuerzas malignas. En la guerra del Golfo Pérsico, por ejemplo, el descubrir y dibujar los planos de los centros neurálgicos de comunicaciones de Sadam Huseim no estaba destinado a glorificar a éste, sino a aplastarle y a despojarle de su poder. Del mismo modo, el propósito de nombrar a las potestades es atar al hombre fuerte y debilitar su poder sobre las almas de 800.000 personas de La Plata las cuales aún tienen que recibir a Jesucristo como Salvador y Señor.

Colectivamente nos queda todavía mucho que aprender en cuanto a los nombres de las potestades y a la cartografía espiritual, para alcanzar la excelencia que Dios quiere que logremos. En este capítulo simplemen-.

te he tratado de proporcionar una base para que otros sigan edificando encima. Mi conclusión es que el nombrar a las potestades y el trazar los planos de sus territorios puede proporcionar una herramienta nueva e importante que será usada por Dios en la extensión de su reino por toda la tierra en nuestros días.

PREGUNTAS PARA REFLEXIONAR

1. ¿Cuán exacto puede ser, según usted, el atribuir fenómenos tales como los ciclones a fuerzas espirituales?
2. ¿Ha descubierto usted en sus estudios de historia o geografía algunos nombres que puedan identificar a espíritus territoriales? Hable de ellos.
3. ¿Podría usted tratar de identificar al «ángel de su ciudad»? ¿Cómo comprobaría o validaría su conclusión?
4. Exponga un posible «mapa espiritual» de su ciudad. ¿Cuáles serían algunos de sus límites territoriales más evidentes?
5. ¿Por qué se considera peligrosa la fascinación exagerada con la personalidad y las actividades del diablo?

Notas
1. James Walsh, "Cyclone of Death", Time, 13 de mayo, 1991, p. 29.
2. Robert C. Linthicum, City of God; City of Satan (Grand Rapids, MI: Zondervan
3. Rublishing House, 1991), pp. 64-65.
4. Julia Loren, "Lea Leads Prayer Fight", Charisma & Christian Life, agosto 1989, p. 30.
5. Kjell y Lena Sjöberg, Newsletter, 6 de marzo, 1991, p. 3.
6. Markus Barth, Ephesians (Garden City, NY: Dobleday & Company, 1974), p. 803.
7. Gustav Davidson, A Dictionary of Angels, Including the Fallen Angels (Nueva York, NY: The Free Press, 1967).

194 *Oración de guerra*

8. Manfred Lurker, Dictionary of Gods and Goddesses, Devils and Demons (Nueva York, NY: Routledge & Kegan Paul, 1987).

9. Vernon J. Sterk, "Territorial Spirits and Evangelization in Hostile Environments", Engaging the Enemy, C. Peter Wagner, ed. (Ventura, CA: Regal Books, 1991), p.159.

10. Daniel Batt, "Yiwarrapalya: Highway of Holiness" On Being, mayo de 1991, p. 9.

11. John Dawson, La reconquista de tu ciudad (Minneapolis, MN: Editorial Betania, 1991), p. 133.
Como se le ha llamado en algunas versiones castellanas. N. del T.

12. Clinton E. Arnold, Ephesians: Power and Magic (Cambridge, Inglaterra: Cambridge University Press, 1989), p. 54.

13. Sterk, Engaging the Enemy, p. 159.

14. H. Bietenhard, "Name", The New International Dictionary of New Testament Theology, Vol. 2 (Grand Rapids, MI: Zondervan Publishing House, 1976), p. 648.

15. Dean Sherman, Spiritual Warfare for Every Christian (Frontline Communications, Box 55787, Seattle, WA 98155, 1990), p. 100.

16. Linthicum, City of God: City of Satan, p. 75.

17. Dick Bernal, Storming Hell's Brazen Gates (San José, CA: Jubilee Christian Center, 1988), p. 57.

18. Larry Lea, Could You Not Tarry One Hour? (Altamonte Springs, FL: Creation House, 1987), p. 93.

19. George Otis hijo, The Last of the Giants (Tarrytown, NY: Chosen Books), pp. 98-99.

20. Ibid., p. 85.

21. Ibid., pp. 85-86.

22. Sherman, Spiritual Warfare, pp. 93-94.

23. Thomas B. White, The Believer's Guide to Spiritual Warfare (Ann Arbor, MI: Servant Publications, 1990), p. 136.

24. Cindy Jacobs, Possessing the Gates of the Enemy (Tarrytown, NY: Chosen Books, 1991), pp. 237-238.

25. Dawson, La reconquista de tu ciudad, p. 85.

26. White, The Believer's Guide, p. 137.

27. Jane Rumph, We Wrestle Not Against Flesh and Blood (Informe de Argentina publicado privadamente, 1990), p. 67.

Las reglas para conquistar ciudades

Entre los dirigentes cristianos cada vez hay un mayor consenso en cuanto a que el área geográfica más estratégica para evangelizar una nación es la ciudad. Dos de las personas que más han estado haciendo hincapié en ello han sido John Dawson y Floyd McClung. Los títulos de sus libros, *La reconquista de tu ciudad* (The Reconquest Of Your City) y *Seeing the City with the Eyes of God* (La ciudad como Dios la ve), reflejan esta idea.

Dawson ve las ciudades como la mente y el corazón de una nación, y expresa: «Una nación es la suma de sus ciudades».[1] McClung, por su parte, dice: «Las ciudades son los picos elevados de la sociedad: tendencias, ideologías y modas nacen en el caldero hirviente de la vida ciudadana y luego fluyen hacia abajo y se reparten influyendo en el pueblo».[2]

Roger Greenway, un experto en misiones urbanas, admitía en una crítica de estos dos libros que los evangélicos tradicionales deberían tomar buena nota. Greenway dice: «Tal vez nos hayamos desviado, si no en la teoría quizá en la práctica, de la visión bíblica del mundo que toma en serio a un diablo personal y define la misión cristiana como una guerra espiritual contra las fuerzas activas de las tinieblas».[3]

PENSAR ESTRATÉGICAMENTE

Como ya he mencionado varias veces, el enfoque por excelencia de este libro es el de la evangelización mundial. La oración de guerra no es un fin en sí misma, sino un medio de abrir camino al reino de Dios, no sólo en la evangelización, sino también en justicia social y suficiencia económica.

Cuando miramos al mundo, es natural que nuestra atención sea atraída en primer lugar por las naciones como unidades objetivas. Esa es la razón por la cual respaldo enérgicamente el movimiento DAWN, de James Montgomery, para el discipulado de naciones enteras —una brillante estrategia para catalizar las fuerzas cristianas en cada nación a fin de evangelizar sus países multiplicando el número de iglesias. Un conjunto de objetivos más avanzado es el de los grupos sin alcanzar todavía por el evangelio, y los expertos en misiones están descubriendo que en cada nación hay un número bastante elevado de grupos sociales a los que el evangelio prácticamente aún no ha tocado.

La otra unidad a la que debemos mirar cuando elaboramos nuestra estrategia evangelística, como ya he mencionado antes, es la ciudad. John Dawson dice que si nos tomamos en serio el cometido de discipular a las naciones, deberíamos captar su realidad. Eso significa que el evangelio debe transformar la vida espiritual, filosófica y física de las ciudades de una nación» —explica. Y luego lanza un desafío del que ahora me hago eco—. «Levantemos el estandarte de Cristo en los lugares más sucios y oscuros. Aceptemos el desafío que nos presenta una ciudad grande y poco familiar».[4]

La estrategia más sofisticada para evangelizar una ciudad que tenemos en este momento es Harvest Evangelism, de Edgardo Silvoso. En el capítulo 1 conté el primer experimento de Silvoso en la ciudad de Resistencia, Argentina. Mediante la oración de guerra eficaz, el número de evangélicos de la ciudad se duplicó durante el Plan Resistencia. Y mientras escribo esto, la ciudad de La Plata está siendo objeto de un esfuerzo evangelístico de tres años de duración, del que espero un resultado semejante.

Puede que no pase demasiado tiempo antes de que muchas otras ciudades argentinas participen en esfuerzos similares de evangelización, oración, guerra espiritual y multiplicación de iglesias. Esta estrategia tiene posibilidades para transformar una nación entera hasta un grado pocas veces alcanzado en el trabajo de los ministerios evangelísticos.

Mi esposa Doris y yo hemos estado trabajando muy estrechamente con Edgardo Silvoso en estas ciudades, y partiendo de la experiencia adquirida, junto con la de otros muchos movimientos de oración a nivel de ciudad en los que hemos participado directa o indirectamente, vemos surgir unas directrices bastante claras para este tipo de ministerios de guerra espiritual.

Yo llamo a tales directrices las **Seis reglas para conquistar una ciudad**, y sospecho que debe haber más de seis, pero nunca menos. Mi mejor consejo es que no se olvide de ninguna de estas seis si su intención es producir un impacto espiritual duradero en su ciudad.

REGLA Nº 1: EL ÁREA
Seleccione un área geográfica manejable con límites espirituales precisos

Los principiantes suelen tener la tendencia a seleccionar como objetivos áreas que son demasiado grandes para que la oración de guerra resulte efectiva. No quiero decir que no haya veces en las que Dios no llame a algunos a orar por cosas a gran escala; sobre todo cuando las oraciones se centran en asuntos decisivos.

Creo, por ejemplo, que Dios utilizó las oraciones de Dick Eastman, Gwen Shaw, Beth Alves y muchos otros de quienes jamás oiré hablar para hacer caer el muro de Berlín y el Telón de Acero. Tengo la convicción, asimismo, de que el Señor está usando a Héctor Pardo y Christy Graham para abrir Albania al evangelio. Creo que Dios ha utilizado a Cathy Schaller para derrocar a Manuel Noriega y que empleó a John Dawson para hacer disminuir la tasa de crímenes en Los Angeles durante los Juegos Olímpicos de 1984. Creo también que el Señor empleó a mi esposa Doris y a Cindy Jacobs para dar la vuelta a la situación económica de Argentina y animar al Gobierno de esa nación a devolver 150.000 hectáreas de terreno a los indios.

Déjeme que le explique: No creo que las oraciones de ninguna de esas personas ni del grupo con el que ellas oraban hayan tenido una relación individual de causa y efecto con esos cambios sociales, pero los individuos a los que me he referido son todos amigos personales a los que Dios utiliza poderosamente en la oración. Sé que cada uno de ellos oró muy específicamente por las situaciones descritas y testificó después de un período de oración particular que sentía que algo había cambiado al respecto en el reino espiritual.

El secreto detrás de la eficacia de estos guerreros de oración de alto nivel es simple: Antes de orar buscaron y entendieron la voluntad de Dios; determinaron el *kairos*, o sea el tiempo divinamente establecido; y obedecieron el llamamiento a orar según la voluntad del Señor. Todos ellos sabían que algunos otros intercesores habían oído ese mismo llamamiento y estaban orando de igual manera. Luego, cuando sintieron que tenían la victoria, eso no significó para ninguno de ellos que había derrotado a las fuerzas enemigas por sí solos, pero sí supieron que habían participado en el resultado final aunque fuera con poco.

Unidades manejables

Aunque puede que sólo un número relativamente bajo de intercesores hayan sido llamados a participar en esfuerzos de oración de ese calibre, Dios está llamando a multitudes de intercesores a tomar parte en la oración de guerra por las ciudades del mundo.

Algunas ciudades como tales son áreas lo bastante pequeñas para que resulten manejables. Creo que mi propia ciudad de Pasadena, en California, es un ejemplo de ello. El esfuerzo denominado «Pasadena para Cristo», que se está llevando a cabo, incluye intencionadamente sólo el área de la ciudad de Pasadena y un pequeño anexo llamado Altadena. Otras ciudades vecinas tales como Arcadia, Sierra Madre, Pasadena del Sur y San Marino son sitios distintos y desarrollarán sus propias estrategias de oración.

Esta, naturalmente, es una forma de cartografía espiritual que surgirá vez tras vez a medida que estudiemos las seis reglas.

Yo soy uno de los participantes en la emocionante reunión de oración para pastores y otros dirigentes cristianos denominada «*Love L.A*». (Yo Amo Los Angeles), que dirigen Jack Hayford, de la Iglesia En el Camino, y Lloyd Ogilvie, de la Iglesia Presbiteriana de Hollywood. Nos reunimos tres veces al año, y la asistencia oscila entre un máximo de 1.300 personas y un mínimo de 400. Estos encuentros han producido varios beneficios importantes: como el de levantar la moral y la fe de cientos y cientos de pastores sin reparar en barreras denominacionales, raciales, regionales, socioeconómicas y de número de miembros. Hace poco, varios miles de personas procedentes de las iglesias representadas se congregaron para llevar a cabo una reunión de oración a nivel de la ciudad y pedir a Dios avivamiento, unidad y solución para los problemas sociales de Los Angeles.

Sin embargo, el resultado más importante de estas reuniones grandes son, en mi opinión, las que han estimulado la formación de otros grupos de oración más pequeños en la zona de Los Angeles y sus suburbios. Las ventajas de esos encuentros regionales consisten en que los esfuerzos de oración pueden concentrarse directamente en las necesidades específicas de cada zona. Mientras escribo esto, tengo en mi mano una lista de trece grupos de oración regionales en San Fernando Valley, 12 en San Gabriel Valley, 5 en el condado de San Bernardino, 3 en Antelope Valley, 11 en Los Angeles, 7 en el área de Long Beach, 5 en el condado de Orange y 7 en el área de South Bay. No todos llegarán a ser unidades de oración de guerra eficaces para conquistar sus ciudades, pero es un comienzo importante: algunos de ellos lo lograrán. Su eficacia irá en aumento, no sólo al escoger como objetivos ciudades específicas, sino también cuando disciernan las unidades más pequeñas de su localidad.

Cristo para la ciudad

El diseño más sofisticado que conozco para orar con eficacia por las unidades más pequeñas de una ciudad es el programa de la Misión Latinoamericana «Cristo para la Ciudad», ideado por John Huffman. La idea de este ministerio surgió cuando Huffman sobrevolaba la ciudad de México y Dios le mostró un cuadro de enormes dioses indios situados detrás de las montañas que dominan la capital y que retenían a esta última. Al ver aquello, Huffman expresó: «Señor, ¿qué debo hacer? ¿Qué quieres Tú que hagamos al respecto?» Y Dios le contestó dándole el programa de oración «Cristo para la Ciudad».[5]

Es importante que los pastores comprendan que la unidad que se requiere a fin de conquistar una ciudad para Cristo no es doctrinal, legal, política o de filosofía del ministerio, sino espiritual.

«Cristo para la Ciudad» comenzó dividiendo la localidad en vecindarios, o sea en áreas geográficas manejables. En Medellín, Colombia, por ejemplo, se han identificado 255 vecindarios en una ciudad de tres millones de habitantes. Cada uno de los mismos es cuidadosamente cartografiado, con sus solares, los edificios que hay en ellos, los colores de las casas y el nombre o los nombres de las familias que viven allí.

Los mapas se distribuyen luego entre los grupos de oración de la ciudad, en otras partes del país y en otros países. Se trata de grupos que se han comprometido previamente a realizar una oración de guerra concentrada y específica por el vecindario en cuestión durante un período determinado de dos semanas. También hay equipos *in situ* que oran caminando por el vecindario.

Si por lo menos tres grupos de oración informan de que han tenido impresiones espirituales sobre un lugar o una familia determinada, los obreros adiestrados entran en juego y piden temas de oración particulares por esa casa. Transcurridas las dos semanas, los miembros del equipo local llevan a cabo una visitación pormenorizada de todos los hogares del vecindario escogido.

En 1989 se lanzó en Medellín un proyecto piloto de «Cristo para la Ciudad» y la iglesia creció ese año un 44 por ciento —de 9.000 a 13.000—. El año siguiente la población evangélica aumentó otro 50 por ciento —de 13.000 a 18.500—, y en ese mismo período de tiempo de dos años, el número de iglesia pasó de 103 a 140.

Los grupos de oración fuera de la ciudad se mantienen en contacto por *fax* y por ordenadores provistos de *modem*. En Medellín, uno de los grupos participantes era una iglesia de la Conferencia General Bautista de los Estados Unidos, y a pesar de que no tenían tradición alguna de recibir palabras proféticas del Señor, un día el grupo oyó claramente que algo pasaba con un determinado solar vacío del vecindario por el que estaban orando, de modo que enviaron la información por *fax* a Medellín. Un equipo de ministerio visitó el citado solar y encontró cinco objetos de ocultismo malditos enterrados por ciertas brujas para controlar el barrio. Los destruyeron y el evangelio corrió libremente.

En un nivel más personal, un joven llamado Fulvio visitó cierta casa donde vivía una familia de nueve miembros todos ellos firmemente opuestos al evangelio. Pero cuando Fulvio preguntó si podía orar por uno de ellos que estaba enfermo, se lo permitieron, aunque advirtiéndole que no esperara nada especial. El joven oró y la persona fue sanada y se convirtió al Señor. Ahora los nueve se reúnen regularmente para estudiar la Biblia.[6]

Una vez que se conoce el área manejable por la que Dios quiere que se ore hay que juntar a los líderes.

REGLA Nº 2: LOS PASTORES

Consiga la unidad de los pastores y de otros líderes cristianos de la zona y comiencen a orar juntos regularmente.

No hay sustituto válido para la unidad de los pastores del lugar como base de la guerra espiritual eficaz. La razón de ello es que los pastores son los guardianes espirituales de las puertas de la ciudad. No se trata de menospreciar a tantos dirigentes laicos y obreros cristianos dedicados a pleno tiempo como hay provistos de dones, sino de destacar que en una ciudad determinada la autoridad espiritual más alta ha sido delegada en los pastores. Si no sabemos eso, Satanás ciertamente lo sabe, y hace todo lo posible por impedir que los pastores se reúnan para orar.

Cuando se le pregunta por dónde hay que empezar para atacar las influencias perversas de una ciudad, Dick Bernal responde que por las iglesias. «Ore para que los pastores de su ciudad se unan en un gran esfuerzo por liberar a su ciudad de entidades extrañas». dice Bernal.[7]

Es importante que los pastores comprendan que la unidad que se requiere a fin de conquistar una ciudad para Cristo no es doctrinal, legal, política o de filosofía del ministerio, sino espiritual. La base es un acuerdo mutuo acerca de quién constituye el verdadero enemigo. Demasiados pastores han tenido la impresión que son enemigos unos de otros. Me alegra poder decir, sin embargo, que esto está terminando rápida y dramáticamente en nuestra nación. El país atraviesa una crisis espiritual y social demasiado grande para permitir que las disputas continúen. Francis Frangipane dice al respecto: «Dios nos está llamando hoy a dejar de luchar entre nosotros y a convertirnos en una familia en la que los miembros pelean los unos a favor de los otros».[8] Estoy totalmente de acuerdo.

Aunque lo ideal sería que el cien por cien de los pastores de un área determinada estuvieran espiritualmente de acuerdo y oraran juntos, en muchos casos la idea no es realista. Si esperamos a conseguir ese cien por cien, jamás libraremos la batalla. Resulta casi inevitable que algunos pastores sean gruñones, se muestren indiferentes, estén quemados u obsesionados por ciertos temas o incluso que hayan sido seleccionados eficazmente por las fuerzas de las tinieblas. Aun así, resulta realista esperar el consenso de un buen número de pastores influyentes para reunirse dos horas o un período semejante y orar.

Hasta que eso suceda, no conviene ir mucho más lejos. Joel expresa: «Congregad a los ancianos ... en la casa de Jehová vuestro Dios, y clamad a Jehová» (Joel 1.14).

REGLA Nº 3: EL CUERPO DE CRISTO
Proyecte una clara imagen de que el esfuerzo no es meramente una actividad de pentecostales y carismáticos, sino de todo el cuerpo de Cristo.

Una de las estratagemas más corrientes de Satanás para detener la guerra espiritual en cualquier nivel es hacer que los cristianos se digan unos a otros: «¡Ah, eso es algo que hacen los carismáticos!» Las implicaciones tácitas es que aquellos de nosotros que somos cristianos de la «franja más respetable» no nos plantearíamos siquiera tomar parte en esa «deshonrosa» actividad.

Edgardo Silvoso, graduado por el Instituto Bíblico Multnomah y miembro de una iglesia bíblica no carismática, ostenta unas credenciales evangélicas excelentes y ha enfrentado directamente la cuestión. Silvoso dice: «La treta número uno de Satanás es convertir la guerra espiritual en un asunto divisivo. Sin embargo, la guerra espiritual es y debe seguir siendo un tema cristiano».[9] El lleva a cabo por todo el país seminarios sobre la guerra espiritual dirigidos particularmente a evangélicos que necesitan recibir aliento.

Es predecible que cuando se anuncia un esfuerzo de oración para toda la ciudad el cual incluye la guerra espiritual en el nivel estratégico, los primeros que salten a bordo sean los pentecostales y los carismáticos. Y si no se les advierte, fácilmente llegarán a tomar el control y elaborarán un programa de acción utilizando un estilo que envía a muchos líderes evangélicos el siguiente mensaje involuntario: «Vamos a hacerlo a nuestro modo, y si ustedes quieren tomar parte en ello pueden unirse a nosotros». Si tal cosa sucede, puede debilitar el esfuerzo a nivel de la ciudad.

El choque público de poder del más alto nivel que yo sepa haya existido en América, fue con toda probabilidad el famoso Ataque de Penetración mediante la Oración llevado a cabo por Larry Lea en San Francisco el día de Halloween de 1990. El encuentro atrajo la atención de los medios de comunicación en un grado nunca visto para un acontecimiento religioso protestante desde la Cruzada de Billy Graham en Los Angeles el año 1979. En su libro *Curses: What They Are and How to Break Them* (Maldiciones: Lo que son y cómo romperlas), Dick Bernal cuenta la extraordinaria conversión de Eric Pryor, el sumo sacerdote wicca del Templo de la Nueva Tierra, quien había maldecido públicamente a Larry Lea antes del evento.[10] Esto en sí es un testimonio convincente del poder de Dios que fue liberado durante el Ataque de Penetración.

Por eso me sentí decepcionado cuando leí en un informe de la Associated Press: «El acontecimiento es una función de cierto movimiento pentecostal-carismático que considera que hay príncipes satánicos y 'espíritus territoriales' los cuales gobiernan sobre ciudades, industrias y subculturas determinadas».[11] Me sentí decepcionado porque sabía que aquella no era sólo la opinión de un periodista secular, sino también la de muchos dirigentes cristianos.

Como evangélico, mi ruego a nuestros hermanos y hermanas pentecostales es que tengan paciencia. Un número cada vez mayor de evangélicos a lo largo y a lo ancho de los Estados Unidos están listos para saltar a bordo y unirse en un movimiento de oración por sus ciudades, pero por lo general el hacerlo les lleva un poco más de tiempo, sobre todo cuando ello implica algo tan nuevo como la guerra espiritual en el nivel estratégico. Los evangélicos están adiestrados para hacer preguntas teológicas y actuar como lo hicieron los judíos de Berea: «... escudriñando cada día las Escrituras para ver si estas cosas eran así» (Hechos 17.11). Uno de los propósitos que persigo con este libro es argumentar que la oración por las ciudades tiene integridad bíblica y teológica, pero me temo que algunos evangélicos lo rechazarán con el comentario de que demuestra lo que por años han sospechado: ¡Que Peter Wagner es en realidad un carismático aunque él lo niegue!

El lado positivo es que en estos últimos tiempos la situación está mejorando en vez de empeorar. Cada vez más dirigentes son movidos con poder por el Espíritu Santo para considerarse a sí mismos no principalmente como carismáticos, pentecostales, evangélicos o liberales, sino como miembros del cuerpo de Cristo. Esto en sí acelerará el debilitamiento del enemigo y el avance del reino de Dios.

REGLA Nº 4: LA PREPARACIÓN ESPIRITUAL
Consiga la preparación espiritual de los dirigentes y otros cristianos que participan mediante el arrepentimiento, la humildad y la santidad.

Viole esta regla, o tómesela a la ligera, y acabará con muchos guerreros heridos, desanimados e infelices. No necesito entrar en detalles ya que el capítulo 6, «El adiestramiento de los guerreros», trataba en profundidad de la condición espiritual que han de tener los individuos que participan en la oración por una ciudad.

Cuando Edgardo Silvoso comenzó a poner en práctica el «Plan La Plata» en Argentina, descubrió que el nivel espiritual de los miembros de iglesias de la ciudad no era demasiado alto. De hecho, muchos de ellos se encontraban afectados por demonios en un grado u otro. Bastantes habían sucumbido a tentaciones de la carne, y deseaban servir a Dios pero sabían que necesitaban algo de ayuda.

Por esta razón, Silvoso pospuso toda oración de guerra pública hasta después de ministrar la sanidad interior. Para ello se llamó a Cindy Jacobs, quien llevó a cabo un seminario sobre el tema, primero para los pastores y sus esposas y luego para los creyentes en general. Cuando mi esposa Doris, que acompañó a Cindy en el viaje, volvió, dijo que en todo su ministerio jamás había visto un derramamiento semejante del poder de Dios. En algunos momentos del seminario, cientos y cientos de personas lloraban en voz alta como señal de arrepentimiento. Muchos confesaron sus pecados y los enemigos se reconciliaron transformándose en amigos. Una mujer tullida que sufría de poliomielitis perdonó a su madre bajo el poder del Espíritu Santo y fue instantáneamente sanada. Otra que había perdido un pómulo en cierto accidente de automóvil se convirtió en el centro de atención de los que la rodeaban mientras volvía a formársele uno nuevo a la vista de todos.

El resultado neto es que la fe de los creyentes está ahora en un nivel alto; que oran unos por otros, rompen maldiciones que todavía quedan de los días en los que practicaban la brujería, echan fuera demonios y los vasos que Dios quiere usar para la conquista de la ciudad están siendo limpiados. El cuerpo de Cristo es ahora más santo de lo que era antes.

Sin embargo, no resulta fácil saber si son todavía lo bastante santos para la guerra espiritual en el nivel estratégico o cuándo lo serán. Una de las señales de esta madurez es que los creyentes comienzan verdaderamente a obedecer a Cristo además de seguirle. La santidad que Dios exige a menudo separa a las ovejas de los cabritos. John Wimber dice: «En la década de los 90 se observará una mayor tensión entre los cristianos que ven a Cristo como su ayudador y aquellos que lo consideran su Señor. Sospecho que las iglesias se dividirán por estos asuntos».[12] Yo no lo dudaría.

REGLA Nº 5: LA INVESTIGACIÓN

Estudie el trasfondo histórico de la ciudad a fin de descubrir cuáles son las fuerzas espirituales que moldean la misma.

Cuando en el último capítulo hablé de la cartografía espiritual, mencioné lo útil que era hacer una investigación de la ciudad. De modo que no repetiré lo mismo, sino daré simplemente dos ejemplos: uno de una ciudad antigua y otro de fundación bastante reciente.

Manchester, Inglaterra. Mantengo correspondencia con Richard C. Lockwood, de Manchester, quien ha empezado a investigar su ciudad aplicando discernimiento espiritual. Las personas espirituales de Manchester están de acuerdo en que sienten una pesadez en el ambiente centrada aparentemente en el emplazamiento prerromano de la catedral. La enseñanza popular de que el nombre «Manchester» es de origen romano ha resultado ser incorrecta. Lo más probable es que se remonte a la época celta y que su sentido esté relacionado con «lugar alto». Llevará tiempo encontrar la información que podría proporcionar claves importantes sobre la naturaleza de la ciudad.

Lockwood comenta que se requiere discernimiento espiritual para identificar los espíritus territoriales que influyen en la ciudad hoy en día: rebelión, homosexualidad, apatía y aletargamiento. «Sin embargo —expresa— es necesario descubrir el poder dominante que está detrás de ellos para que la oración eficaz pueda prevalecer».[13]

Brasilia, Brasil. Permítame volver a Kjell Sjöberg, a quien ya presenté en el capítulo anterior. El ministerio internacional de oración de Sjöberg le ha llevado recientemente a Brasilia, capital del Brasil, que fue diseñada y construida en 1960 por el presidente Juscelino Kubitschek. Sjöberg cuenta que Kubitschek era un espiritista que creía en la reencarnación y pensaba que él mismo era la reencarnación del faraón Akhnatón, que vivió hace 3.300 años y edificó una nueva capital para su país. Muchos edificios de Brasilia tienen por ello la forma de pirámides o templos egipcios. Las construcciones que albergan los centros del poder se hayan situadas en triángulos formando un hexagrama. La numerología del tarot egipcio y de la kábala hebrea es prominente en toda la ciudad. La forma de ésta es la de un pájaro ibis egipcio (aunque algunos guías turísticos la interpretan como de un avión).[14]

Esta clase de información, que revela las fuerzas espirituales presentes desde la época de diseñarse la ciudad, se convierte en algo sumamente útil para los intercesores que participan en el esfuerzo de oración a nivel urbano.

REGLA Nº 6: LOS INTERCESORES

Trabaje con intercesores especialmente dotados y llamados a la guerra espiritual en el nivel estratégico, buscando la revelación de Dios en cuanto a: a) el don o los dones redentores de la ciudad; b) las fortalezas de Satanás en la misma: c) los espíritus territoriales asignados a ella; d) el pecado colectivo pasado y actual que necesita afrontarse; e) el plan de ataque de Dios y su momento.

Algunos de los jugadores claves en una estrategia de oración de guerra bien elaborada para una ciudad serán intercesores. Con el propósito de que el trabajo se realice bien, es necesario identificar, alentar y liberar a los intercesores dotados para el mismo a fin de que estén en la brecha.

Todo cristiano desempeña un papel en la oración en general y en la intercesión en particular, pero Dios ha escogido a algunos creyentes y les ha dotado con un don especial de intercesión. Si esto le parece extraño, compárelo con el cometido que cada cristiano tiene como testigo mientras sólo un pequeño número son evangelistas. Todo el cuerpo no puede ser ojo, sólo a algunos de los miembros les corresponde serlo.

En mi libro *Your Spiritual Gifts Can Help Your Church Grow* [Sus dones espirituales pueden contribuir al crecimiento de su iglesia] describo el don de la intercesión y lo enumero entre los 27 dones, pero admitiendo francamente que la Biblia no hace ninguna referencia expresa al mismo. Aunque puede que algunos disientan, estoy lo bastante seguro de que tal don existe, basándome en la simple observación a lo largo de los años, que puedo definirlo:

El don de intercesión es la capacidad especial que

Dios concede a ciertos miembros del cuerpo de Cristo para que oren durante largos períodos de tiempo en forma regular y vean contestaciones frecuentes y específicas a sus oraciones en un grado mucho mayor que el que se espera del cristiano medio.[15]

Algunos estudios bastante amplios que he hecho sobre los intercesores, y que describiré en detalle en otro libro de esta serie, muestran que los poseedores de ese don oran por lo general entre dos y cinco horas diarias. Mucho de su tiempo lo pasan escuchando a Dios. Con frecuencia se dicen unos a otros en una especie de lenguaje interno: «Es maravillosa, ella sí que oye a Dios», y tienden a valorarse más por lo que escuchan que por lo que dicen.

Cindy Jacobs ve a los intercesores como aquellos que hacen entrar en vigor la voluntad de Dios en la tierra. El Señor ha elegido que su voluntad se lleve a cabo por medio de nuestras peticiones y nuestro ejercicio de la autoridad. Cindy dice: «Al tomar autoridad sobre las obras de Satanás en el mundo y orar en el nombre de nuestro Rey, establecemos su voluntad en la tierra como en el cielo».[16]

Hay intercesores en casi todas las iglesias y ciertamente en cada ciudad que tenga un número razonable de congregaciones. Muy pocos pastores son al mismo tiempo intercesores, de modo que unos y otros resultan necesarios para orar eficazmente por una ciudad. Los pastores funcionan mayormente en un papel de autoridad y los intercesores en uno profético. Estos oyen a Dios y pueden comunicar su mensaje a los demás. Los intercesores deberían estar incorporados a un grupo, a fin de armonizarse, estimularse y ser responsables los unos ante los otros.

Por medio de ellos, y también de los pastores y de

otros cristianos laicos, aquellos que oran por la ciudad deberían buscar la revelación de Dios en cuanto a varias cosas:

A. El don o los dones redentores de la ciudad

John Dawson cree que Dios quiso que cada ciudad fuera un lugar de liberación personal. «Yo creo que las ciudades tienen en ellas la marca del propósito sobera-no de Dios —dice—. Nuestras ciudades contienen lo que yo llamo un don redentor».[17] Y argumenta que es más importante determinar ese don redentor de una ciudad que la naturaleza de los principados malignos, aunque ambos sean necesarios.

Un ejemplo de esto es Omaha, en Nebraska, EE.UU. Históricamente esa ciudad fue una estación de suministro para trenes que llevaban a los pioneros americanos hacia el oeste, y los dirigentes cristianos la consideran hoy en día como un centro para equipar a una nueva estirpe de pioneros: aquellos que están llevando el evangelio a los pueblos del mundo aún no alcanzados. Estoy de acuerdo con John Dawson cuando dice: «¡Qué visión tan maravillosa!».[18]

B. Las fortalezas de Satanás en la ciudad

La investigación histórica y la cartografía espiritual alimenta esta actividad de los intercesores. La mayoría de éstos llamados a la guerra espiritual en el nivel estratégico tienen el don espiritual de discernimiento de espíritus. Floyd McClung dice al respecto: «Ejercitar el don de discernimiento de espíritus es algo crucial. Debemos saber si estamos combatiendo contra poderes demoniacos o simplemente tratando con el pecado y sus consecuencias en la cultura. No siempre ambas cosas son iguales».[19]

McClung cuenta el asombro que le produjo en un viaje de ministerio a Noruega la cantidad de creyentes que estaban luchando con temores profundos que controlaban sus vidas, y descubrió que se trataba de un problema extendido por toda la nación. Luego, volviendo atrás en el tiempo, supo cómo había llegado el cristianismo a Noruega. Un rey avanzó con su ejército por todo el país obligando a sus ciudadanos a convertirse o enfrentarse a la ejecución. ¡El cristianismo empezó allí con un baño de sangre! «Satanás —comenta McClung—aprovecha esa especie de trauma nacional y trata de utilizarlo para establecer sus fortalezas espirituales».[20] Los intercesores orarán sobre este tipo de información y buscarán la revelación de Dios en cuanto a qué maneras específicas debería tratarse.

En una ciudad escogida como objetivo, los principados y las potestades pueden contar con diferentes fortalezas en diversos sectores de la ciudad o incluso en distintos vecindarios. A medida que llevamos a cabo nuestro esfuerzo «Pasadena para Cristo» en mi ciudad, nos vamos dando cuenta de las diferencias que hay en la atmósfera espiritual, digamos, entre el Noroeste de Pasadena y Hastings Ranch, Linda Vista y el Este de la ciudad. Dentro de la misma área noroeste de la ciudad, los residentes sienten una disparidad entre King's Manor y Howard and Navarro, donde John Perkins tiene su Centro Harambee. Aunque todavía no conocemos el significado profundo de todo esto, tenemos un equipo de intercesores dirigidos por Lou Engle trabajando en ello.

C. Los espíritus territoriales asignados a la ciudad

En la medida de lo posible, los intercesores deberían tratar de conocer los nombres, bien funcionales o propios, de los principados asignados a la ciudad como un todo y a los diferentes sectores sociales o culturales de la misma. En el último capítulo expliqué este concepto de nombrar a las potestades con sus limitaciones y sus puntos fuertes, de manera que no necesito dar más detalles.

D. Pecado colectivo pasado y presente que hay que confrontar

La historia que cuenta Floyd McClung acerca del rey noruego que asesinaba a aquellos que no querían convertirse al cristianismo es un ejemplo del pecado corporativo pasado al que es necesario hacer frente. Hay bastante información acerca de esto en el capítulo 7, «La remisión del pecado de las naciones», donde mencionaba al Japón.

Resulta alentador saber que los dirigentes cristianos japoneses están tomando muy en serio eso del arrepentimiento nacional. En 1990, se hicieron dos peticiones de perdón a alto nivel al pueblo coreano. La Iglesia de Cristo en Japón publicó una declaración en la que se confesaba el pecado nipón y se pedía disculpas a la gente de Corea. El reverendo Koji Honda, un alto representante, anciano y respetado, del cristianismo evangélico japonés, realizó una detallada confesión y pidió perdón en ese sentido en el Congreso de Misiones Asiáticas celebrado en 1990 en Seúl, Corea. Entre otras muchas cosas, dijo: «Queridos hermanos y hermanas de Asia, por favor, perdonen los pecados cometidos por el pueblo japonés en sus países. Estoy pensando, especialmente, en Corea, y una vez más suplico su perdón para esos pecados repulsivos e imperdonables [que ya había enumerado] en el nombre de nuestro Señor y Redentor».[21]

Los sociólogos norteamericanos nos explican que dos de los grupos más oprimidos de los Estados Unidos son los varones *afroestadounidenses* y los indios. En un artículo que analizaba la terrible caída de las expectativas de vida de los negros, la revista *Time* recorría la lista de hipótesis acostumbrada del por qué la comunidad negra se halla tan deprimida. Luego decía que los expertos están convencidos de que «deben haber otras razones».[22] El artículo hacía varias conjeturas en cuanto a las mismas, pero no me sorprendería en absoluto descubrir que el problema básico fuera espiritual y procediera de las formas vergonzosas en las cuales nuestros angloamericanos han tratado y tratan a los negros. Este comportamiento pecaminoso ha provisto aberturas para que principados y potestades de alto rango establecieran fortalezas espirituales que no serán conquistadas sino por la humildad y el arrepentimiento colectivos. Estoy consciente de que algunos han empezado ya a hacerlo, pero se precisa mucho más.

¿Cómo puede hacerse esto? John Dawson cuenta de su ministerio en Sudáfrica, y de cómo él estaba convencido de que "el apartheid es un espíritu, no sólo un fenómeno político. Un espíritu que se hunde profundamente en la historia colonial africana. El apartheid tiene sus raíces en la idolatría." De modo que predicó acerca del pecado del juicio injusto, guió al arrepentimiento de los estereotipos y prejuicios raciales a un gran grupo multiétnico, y luego desafió a cada persona del auditorio a lavar los pies de alguien de otra raza. «Miles de afrikaners, zulús, indios, ingleses y mestizos lloraron abrazados unos a otros mientras un espíritu de reconciliación se extendía por el lugar».[23]

E. El plan de Dios para el ataque y su momento

Un grave peligro, y al mismo tiempo algo demasiado corriente, es entrar en la batalla espiritual en la carne. Resulta esencial que Dios nos diga lo que quiere que hagamos, cómo quiere que lo hagamos y cuándo deberíamos hacerlo. Esto se consigue mediante la oración ferviente, y es ahí donde resulta tan importante la dimensión profética del ministerio del intercesor. En el siguiente capítulo se enumeran algunas de las consecuencias posibles de equivocarse en cuanto al plan de ataque o al momento de Dios.

En resumen, no intente librar la guerra espiritual en el nivel estratégico sin seguir estas seis reglas. Infórmese. Investigue lo que está diciendo mucha gente. Le sugiero que consiga y estudie otras dos listas de reglas excelentes: la que da Cindy Jacobs en *Possessing the Gates of the Enemy* (pp. 242-245) [Apropiándose de las puertas del enemigo] y la de John Dawson en *Reconquer Your City*, La reconquista de su ciudad (pp. 139-189). Seamos sabios en el poder de la fuerza del Señor.

PREGUNTAS PARA REFLEXIONAR

1. ¿Puede usted nombrar alguna ciudad en la que se estén realizando esfuerzos de oración significativos a nivel de toda ella? ¿Cree que sería factible un esfuerzo así para su ciudad?

2. Explique lo que quiere decirse cuando se afirma que los pastores son los «guardianes espirituales de las puertas» de una ciudad.

3. ¿En qué se diferencia el don de intercesión de las expectativas acerca de que todos los cristianos sean personas de oración? Mencione a algunos individuos que usted conoce y que tal vez tengan ese don.

4. ¿Cuál cree usted que podría ser el «don redentor» o el «propósito redentor» de su ciudad o pueblo?
5. ¿Qué pasos serían los primeros que tendría que dar para investigar la historia espiritual de su ciudad?

Notas

1. John Dawson, La reconquista de tu ciudad (Minneapolis, MN: Editorial Betania, 1991), p. 34.
2. Floyd McClung, Seeing the City with the Eyes of God (Tarry-town, NY: Chosen Books, 1991), p. 9.
3. Roger Greenway, "Book Review", Evangelical Missions Quarterly, octubre de 1991, p. 430.
4. John Dawson, La reconquista de tu ciudad (Minneapolis, MN: Editorial Betania, 1991), p. 34.
5. John Huffman, "New Prayer Program Tested in Costa Rica", Prayer Pacesetters Sourcebooks, David Bryant, ed. (Concerts of Prayer International, Box 36008, Minneapolis, MN 55435, 1989), pp. 252-253.
6. Ibid., p. 253.
7. The Bernal Report, diciembre de 1989, p. 2.
8. Francis Frangipane, The House of the Lord (Lake Mary, FL: Creation House, 1991), p. 146.
9. Edgardo Silvoso en el folleto que anuncia el Primer Instituto Anual Internacional de Harvest Evangelism, 10-18 de octubre de 1991, p. 2.
10. Dick Bernal, Curses: What They Are and How to Break Them (Companion Press, P.Ó. Box 351, Shippensburg, PA 17257-0351), pp. 71-84.
11. Laura Myers, "Christians Pray for San Francisco Souls", Antelope Valley Press, 1 de noviembre de 1990, p. B3.
12. John Wimber, "Facing the '90s", Equipping the Saints, verano de 1989, p. 22.
13. Richard C. Lockwood, correspondencia personal, 16 de abril de 1990.
14. Kjell y Lena Sjöberg, Newsletter, 6 de marzo de 1991, pp. 2-3.
15. C. Peter Wagner, Your Spiritual Gifts Can Help Your Church Grow (Ventura, CA: Regal Books, 1979), p. 263.
16. Cindy Jacobs, Possessing the Gates of the Enemy (Tarrytown, NY: Chosen Books, 1991), p. 56.
17. John Dawson, La reconquista de tu ciudad (Minneapolis, MN: Editorial Betania, 1991), pp. 37-38.
18. Ibid., p. 41.
19. McClung, Seeing the City, p. 34.
20. Ibid.
21. Koji Honda, "An Apology to the Peoples of Asia", Japan Update, Bulletin of the Japan Evangelical Association, octubre de 1990, p. 8.
22. Perils of Being Born Black", Time, 10 de diciembre de 1990, p. 78.
23. John Dawson, "Seventh Time Around", Engaging the Enemy, C. Peter Wagner, ed. (Ventura, CA: Regal Books, 1991), pp. 137-138.

Hay que evitar las trampas

La guerra espiritual en el nivel estratégico no es para todos. Según he podido saber, los pilotos de combate que participaron en la Guerra del Golfo Pérsico se hallaban bajo constante escrutinio para ver si daban muestras de miedo. Si aparecía en ellos el menor de los temores, eran inmediatamente retirados de la contienda y enviados a casa.

Del mismo modo, pelear contra los principados y las potestades espirituales no es una actividad para timoratos o pusilánimes. Se trata de una guerra y hay que esperar víctimas. Conozco a muy pocos veteranos de la guerra espiritual en el nivel estratégico —si es que hay alguno—que no tengan relatos que contar en cuanto a cómo han sido heridos de un modo u otro en el combate.

LAS VÍCTIMAS DE LA GUERRA

Doris y yo empezamos a salir a primera línea en 1990, en la Argentina, y pocos meses después tuvimos la peor disputa familiar de nuestros cuarenta años de matrimonio, surgió un grave problema con uno de nuestros intercesores más próximos, y Doris quedó incapacitada casi durante cinco meses por hernias discal y operaciones de columna y de rodilla. No tenemos la menor duda, ni nosotros ni aquellos que oran por nuestro ministerio, de que se trataba de un contragolpe directo de los espíritus enfurecidos por el hecho de que hubiéramos invadido su territorio.

Uno de los guerreros espirituales más experimentados de los Estados Unidos es mi buen amigo Larry Lea. Como ya mencioné anteriormente, con su Ataque de Ruptura en San Francisco, el día de Halloween de 1990, se consiguió una gran victoria pública. Sin embargo, el enemigo se las arregló también para poner el nombre de Larry en una lista de víctimas. Los cuatro meses siguientes se cuentan entre los peores de su vida. Tuvo que operarse de una hernia, experimentó serios problemas con uno de sus intercesores más cercanos, las finanzas de su ministerio descendieron hasta un nivel espantosamente bajo, su padre murió de cáncer... y le sucedieron otras cosas tan raras que no conviene mencionarlas. Larry llegó incluso a preguntarse si debía seguir ejerciendo su ministerio.

Aunque no creo que podamos evitar por completo esta clase de contingencias que Larry Lea y yo sufrimos, sí pienso que es posible reducirlas a un mínimo a medida que vamos aprendiendo más acerca de la guerra espiritual en el nivel estratégico. América se asombró de las relativamente escasas bajas que hubo en la Guerra del Golfo Pérsico, y yo espero que aprendamos a combatir espiritualmente de tal manera que veamos reducidas, de un modo significativo, la frecuencia y la seriedad de las pérdidas.

HAY QUE APRENDER DE LAS EQUIVOCACIONES

No hay nada malo en cometer errores o fallar. No me importa tener fallos siempre que mantenga mi visión a largo plazo, me reponga de los mismos, aprenda de los errores, avance nuevamente y evite cometer la misma equivocación una segunda vez.

Jamás olvidaré cuando Doris y yo conocimos a Pablo Bottari —a quien mencioné en el capítulo como el responsable de los ministerios de liberación dentro de las campañas a nivel de ciudad que Carlos Anacondia lleva a cabo en Argentina. Nos estaba enseñando privadamente la tienda «unidad de cuidados intensivos» que él supervisa y le preguntamos cómo había aprendido a realizar ese tipo de ministerio tan especial. «¿Quieren saberlo? —contestó— ¡Lo aprendimos cometiendo todos los errores imaginables!» Luego, entre otras cosas nos contó el caso del «demonio de las llaves».

El «demonio de las llaves»
Una de las características interesantes de las campañas de Anacondia es que se celebran en solares vacíos y no se utilizan sillas (excepto unas pocas, en la parte delantera, para los enfermos y ancianos). Cada noche hay un promedio de 5.000 a 20.000 personas en pie sobre la tierra, a veces cubierta por un poco de hierba o de maleza, desde las 8 hasta las 11 de la noche. Y la iluminación es suficiente pero no extraordinaria.

> ## Si entramos en la guerra espiritual y esperamos contar con el poder de Dios sin humildad, tendremos problemas.

Cierta noche Annacondia inició su represión pública acostumbrada a los malos espíritus y éstos empezaron a manifestarse. Los endemoniados caían al suelo y un equipo del ministerio especialmente adiestrado y denominado los «levantadores» comenzaron a recogerlos y a llevarlos, medio a rastras medio en brazos, a la tienda de liberación.

Al parecer, entre la multitud había un hombre observando estas actividades, cuando las llaves que tenía en la mano se le cayeron al suelo entre la hierba y la maleza. Nuestro pobre amigo se inclinó, y a causa de la poca luz empezó a palpar buscando las llaves. Fue entonces cuando un equipo de levantadores se fijó en él y dieron por sentado que él también estaba poseído. Antes de que el espectador supiera lo que estaba pasando, le agarraron por los brazos y se lo llevaron.

—¡Las llaves, las llaves! —gritaba el hombre; pero fue en vano.

Cuando entró en la tienda de liberación, los levantadores anunciaron que estaba siendo atacado por un «demonio de llaves». ¡Pablo Bottari jamás nos dijo si aquel hombre recuperó sus llaves!

DIEZ TRAMPAS QUE EVITAR

Pablo Bottari y el resto de nosotros hemos cometido muchos errores, y sin lugar a dudas seguiremos cometiéndolos, pero tenemos la esperanza de que a medida que pase el tiempo vayan siendo cada vez menos. He aquí una lista de trampas corrientes en la guerra espiritual a nivel estratégico que necesitamos tener en cuenta y evitar en el mayor grado posible.

1. Ignorancia

La ignorancia es la primera de las trampas de mi lista, ya que constituye sin duda la herramienta más eficaz del enemigo. Esta trampa funciona de varias maneras.

Muchos cristianos son ignorantes acerca de la guerra espiritual en general incluso entre aquellos que no lo son, muchos no están conscientes de esta variedad a nivel estratégico que tiene que ver con los espíritus territoriales. Aquellos que no saben que hay una guerra no representan ninguna amenaza para Satanás y las fuerzas de las tinieblas.

Hay quienes están conscientes de la guerra espiritual en el nivel estratégico y no niegan la existencia de los principados y las potestades, pero han decidido que tal actividad no es para la iglesia de nuestros días debido a que no se han tomado la molestia de investigarla en la profundidad necesaria. Piensan que la misma tiene poca base teológica, bíblica y experimental, y por lo tanto han determinado no alistarse en el ejército.

Otros tienen el deseo de causar daños a las fortalezas espirituales que dominan una ciudad o nación, pero son ignorantes en cuanto a la metodología correcta. Por fortuna los recursos y la enseñanza en este campo se están multiplicando rápidamente y esta clase de ignorancia pronto deberá ser cosa del pasado.

Uno de los peores peligros es el de participar en la guerra espiritual a nivel estratégico sin saber que uno lo está haciendo.

Aunque no diré el nombre de la denominación, un grupo de jóvenes cristianos de Estados Unidos decidieron asistir al Festival Porno de Copenhage, Dinamarca, con el propósito expreso de denunciar la pornografía como pecado y llamar al arrepentimiento a los asistentes a dicho Festival. Dieciocho de ellos fueron y predicaron día tras día frente a las tiendas y exposiciones porno. Dijeron que hubo cientos de conversiones, aunque una investigación más a fondo demostró que muy poco o nada de aquel fruto realmente permaneció. Lo peor de ello, sin embargo, fue que a los pocos años, cada uno de aquellos dieciocho jóvenes se hicieron adictos a la pornografía o cayeron en relaciones sexuales ilícitas.

El peligro es que la ignorancia del mundo espiritual puede conducir a la insensatez. Aquellos jóvenes no tenían idea de que no estaban luchando contra carne y sangre, sino contra principados y potestades, de modo que pagaron las consecuencias.

2. Miedo

Muchos dirigentes cristianos tienen miedo en su interior de enfrentarse al enemigo en los niveles más altos. Escuchan lo que les sucedió a personas como Doris Wagner después del combate en Argentina o a Larry Lea tras la experiencia de San Francisco y deciden que no quieren que algo semejante les ocurra a ellos. Este miedo pocas veces es expresado abiertamente porque hay buenas razones para no admitirlo.

En primer lugar, estos dirigentes saben muy bien que Jesús ha derrotado al enemigo de una vez por todas, como ya he mencionado muchas veces anteriormente, y también que no tienen por qué dudar en cuanto a quién ganará la guerra.

En segundo término creen que el perfecto amor echa fuera el temor, y que «el que teme, no ha sido perfeccionado en el amor» (1 Juan 4.18). El admitir que se tiene miedo podría interpretarse como un reconocimiento de falta de amor, y eso es algo que pocos dirigentes están dispuestos a hacer.

Uno que sí lo hizo fue Floyd McClung, de Juventud con una Misión, quien cuenta cómo solía evadir las preguntas referentes al diablo diciendo: «A Satanás le encanta el pecado, el miedo y la atención, y yo no pienso darle ninguna de esas cosas». Sin embargo, después de actuar así con demasiada frecuencia, el Espíritu Santo le convenció de pecado y él se humilló delante del Señor. Entonces, Dios le habló en su interior lo siguiente: «Estoy decepcionado de tu respuesta. Tienes poco conocimiento del reino demoniaco y ninguna autoridad sobre Satanás, como mis discípulos hace muchos años. Tu respuesta refleja tus propios temores».

Esta palabra del Señor le hizo cambiar por completo. McClung confesó que estaba respondiendo a la pregunta con miedo, «un miedo bien disfrazado en términos teológicos, pero miedo al fin y al cabo. Puede que hubiera engañado a algunas personas, pero no al Señor».

¿Cuál era el problema de Floyd McClung? «Tenía miedo del extremismo —explica— y miedo a lo desconocido».[1]

Durante la crisis del Oriente Medio a principios de los años 90, algunos norteamericanos formaron «movimientos en contra de la guerra» en un intento de quebrar la determinación de las naciones a librar una guerra justa. Rick Joyner ve un fenómeno semejante entre los dirigentes cristianos de hoy. Dice Joyner: «Hay un movimiento anti-guerra muy sutil que el enemigo podría utilizar para dar al traste con la decisión de la iglesia de librar la guerra espiritual». En su opinión, «el movimiento espiritual en contra de la guerra está arraigado en el idealismo y combinado con un miedo sutil al enemigo».[2]

Aunque deberíamos respetar el poder del enemigo, no tenemos por qué temerle. Y esto nos lleva a la siguiente trampa.

3. Subestimación del enemigo

Resulta que soy granjero de productos lácteos. Esta es la profesión que aprendí siendo niño, e incluso tengo mi licenciatura en Ciencias en la especialidad de Producción Láctea.

La mayor parte de mi experiencia data de antes de la inseminación artificial, cuando los toros lecheros eran parte importante de la vida de la granja. Mucha gente no sabe que esos toros (a diferencia de los que se destinan a carne) son los animales más bravos que existen. Al igual que el diablo son sumamente fuertes y malos. Si se les da la más mínima oportunidad le matan a uno. En una región lechera como la mía, del norte de Nueva York, cada pueblo tiene sus propias historias acerca de los que han sido gravemente heridos o muertos por los toros.

Una de las razones por las que yo jamás he sido víctima del ataque de un toro es el gran respeto que les tengo. Sé lo que pueden hacer, cuándo lo hacen y de qué manera. Sin embargo no tengo miedo de ellos. Puedo conseguir que un toro de leche haga casi cualquier cosa que me proponga. Mi poder no tiene ni punto de comparación con el suyo, pero soy capaz de guiar a uno de ellos, por ejemplo, en el paseo de exhibición como si se tratara de un gatito.

Satanás y sus fuerzas son como el toro. Martín Lutero dijo de él: «No tiene igual sobre la tierra». Pero gracias a la sangre de Jesucristo y a las armas de nuestra guerra espiritual no hay por qué temerle. A pesar de ello, en el momento que uno subestima el poder de Satanás, y le pierde el respeto, se expone a la muerte.

Me entristece decir que algunos han perdido realmente sus vidas en la guerra espiritual a nivel estratégico. Uno de mis alumnos de Fuller, Wilson Awasu, de Ghana, escribió una disertación sobre cierto pastor presbiteriano llamado C. Y. Adjanku que ordenó cortar un árbol venerado por sacerdotes satánicos. Cuando el árbol fue derribado, él cayó muerto.

Entre los intercesores y guerreros espirituales más respetados de hoy en día se encuentra Johannes Facius, de Alemania, coordinador de Intercessors International. Señalo esto para que comprendamos que estamos hablando de un veterano y no de ningún novicio. Facius cuenta cómo en 1986 un equipo de intercesores fue a la Unión Soviética y entró en el Mausoleo de Lenin en Moscú. Allí sintieron que debían pronunciar juicio contra Vladimir Lenin, «dios de la Unión Soviética».

No sabemos lo que ocurrió entonces en los lugares celestiales, pero sí que pronto el comunismo soviético se desmoronó. Sin embargo, Facius dice: «Fue en aquel movimiento contra el enemigo que yo sufrí uno de los ataques de enfermedad más extraños que jamás haya experimentado».

El ataque inicial duró un día, pero no mucho después apareció una dolencia debilitante del corazón. El considera esto como un contraataque del espíritu de muerte al que había resistido en el Mausoleo de Lenin.

Seguidamente vinieron tres años de una grave depresión, de la cual fue liberado en una sesión que duró menos de treinta segundos.[3]

Cuando Facius mencionó el espíritu de muerte me

estremecí, porque Doris y yo estamos convencidos de que quien perpetró los ataques contra ella fue el espíritu de muerte de Resistencia, Argentina, llamado San La Muerte.

4. Arrogancia espiritual

Si entramos en la guerra espiritual y esperamos contar con el poder de Dios sin humildad, tendremos problemas. Pablo dijo a los Corintios: «Y estuve entre vosotros con debilidad, y mucho temor y temblor» (1 Corintios 2.3). Y también: «Cuando soy débil, entonces soy fuerte» (2 Corintios 12.10). Al mismo tiempo, el apóstol era uno de los guerreros espirituales más poderosos del Nuevo Testamento. ¡Incluso Diana de los efesios tembló ante él!

La guerra espiritual eficaz requiere un delicado equilibrio entre debilidad y poder. En el momento en que empezamos a pensar que lo estamos haciendo por nosotros mismos nos volvemos vulnerables al ataque del enemigo.

Johannes Facius admite que eso fue parte de su problema. El sabía que debía permanecer en comunión íntima e ininterrumpida con el Señor, pero dejó que dicha comunión se le escapara. «Debido a una exagerada actividad, actividad en los negocios del Señor —dice—, llegué al punto en el que me olvidé que debía depender de El».[4]

5. Falta de apoyo intercesor

Creo que la intercesión por lideres cristianos es la fuente de poder espiritual más infrautilizada actualmente en nuestras iglesias. Mi próximo libro de esta serie tengo pensado escribirlo sobre ese tema.

Mi consejo es que nadie se comprometa en la guerra

espiritual en el nivel estratégico sin tener la clara certeza de que está siendo cubierto por la oración intercesora. En el pasaje más famoso de guerra espiritual, Efesios 6, el apóstol Pablo mismo rogaba a los efesios que intercedieran por él (véase Efesios 6:19). Y en otra ocasión también pidió lo mismo a los colosenses (véase Colosenses 4.3).

Las fuerzas de las tinieblas saben muy bien el poder que se libera a través de los intercesores mientras los dirigentes ministran en la guerra espiritual. En un período de pocos meses, por ejemplo, vi a tres dirigentes miembros de la Red de Guerra Espiritual perder a su intercesor número uno: Larry Lea, Peter Wagner y Edgardo Silvoso. Cada caso se produjo en distintas circunstancias, de modo que no hay duda de que Satanás, varía sus tácticas.

Comencé el capítulo hablando de Larry Lea y de mí. La situación de Edgardo Silvoso constituye un relato por sí solo, del que cambiaré los nombres y los lugares para evitar avergonzar indebidamente a nadie.

Creo que la intercesión por líderes cristianos es la fuente de poder espiritual más infrautilizada actualmente en nuestras iglesias.

El intercesor de Silvoso permitió que los celos se colaran en su ministerio cuando alguien de fuera entró en su terreno y guió a la gente en una poderosa oración de guerra. Este intercesor, a quien llamaremos Henry, pidió a su compañero de habitación que saliera con él a la ciudad cierta noche para batallar contra los espíritus —presumiblemente para asegurarse a sí mismo y al otro de que él también tenía poder espiritual. Cuando volvieron al hotel y se acostaron, dos mujeres, una rubia y otra morena, entraron en su habitación y ofrecieron a Henry la opción de dormir con una de ellas. Su compañero ya descansaba, y Henry se puso en pie de un salto y se encerró en el cuarto de baño.

Las mujeres se fueron y él volvió a acostarse. Pero antes de que pudiera darse cuenta habían entrado en la habitación las dos anteriores y otra más. «Si no te gustamos nosotras —dijeron—, ¿por qué no te acuestas con ella?» Henry se levantó y salió corriendo del cuarto.

Cuando volvió al mismo, las tres mujeres se habían ido, pero su compañero de habitación despertó sofocado y completamente cubierto de sudor. Casi no podía respirar, hasta el punto que temieron por su vida. Sin embargo, una vez que hubieron orado, el ataque cesó.

La noche siguiente, Henry estaba conduciendo su furgoneta a gran velocidad hacia la ciudad donde vivía, cuando de repente su cuerpo se paralizó de la cintura para abajo, comenzó a ahogarse como si unas manos le apretaran la garganta y el automóvil viró saliéndose de la carretera. Lo único que pudo hacer fue gritar a los otros pasajeros: «¡Oren, por favor!»

Milagrosamente la furgoneta se mantuvo derecha, se paró y nadie sufrió daño. Más tarde supieron que, en ese mismo instante, la persona de la que Henry tenía celos, y dos compañeros, habían recibido del Señor el encargo de orar por él. ¡Oraron fervientemente y Dios contestó!

La parte buena de todo fue que no sufrieron daño, y la parte mala que Henry, antes conocido como un poderoso intercesor, no ha podido orar bien desde entonces. Esperemos que se trate sólo de una situación temporal como en el caso de Johannes Facius, quien admite que también fue éste uno de sus problemas.

«Como en el caso del apóstol Pablo, necesitamos pedir la cobertura de los hermanos en oración—dice Facius—. Tenemos que movilizar a compañeros de oración para cada acción estratégica y de combate que emprendamos».[5]

6. Oración no dirigida

Ya he mencionado varias veces que la intimidad con el Padre en la oración y ver claramente lo que El está haciendo es decisivo para una oración de guerra eficaz. Sin ello, a nuestras oraciones puede faltarles dirección y por lo tanto ser débiles. Wesley Duewel dice: «Cuando se confina la intercesión al propio entendimiento, no sólo puede uno errar el propósito de Dios, sino también estropear sus planes. Espere en el Señor hasta que El le confirme su voluntad».[6] Esto, naturalmente requiere escuchar a Dios en oración.

Me gusta la historia que cuenta Duewel acerca de la señora Spahr, una intercesora que fue despertada en medio de la noche para orar por Jerry Rose, misionero en Irian Jaya.

Sucedió de un modo tan claro y en un momento tan específico que la mujer escribió a Jerry Rose al día siguiente y se lo contó. El misionero recibió cuatro cartas más de compañeros en la oración diciéndole que Dios les había puesto a interceder exactamente a esa misma hora.

En el momento en que los cinco oraban, Rose se encontraba en pie, con los brazos atados detrás de la espalda, mientras un salvaje de la Edad de Piedra se preparaba a atravesarlo con una lanza. Sin embargo, antes de que pudiera hacerlo, se le acercó otro hombre

de la tribu, le dijo algo e inmediatamente liberaron a
Jerry.He aquí un ejemplo de oración dirigida: el tipo de
oración que remueve a las fuerzas de las tinieblas.[7]

7. Momento equivocado

Uno de los pastores locales que trabajan conmigo en el
proyecto Pasadena para Cristo es mi amigo Che Ahn.

Ahn me ha contado que su iglesia tuvo un mes de
oración y ayuno muy significativo no hace mucho, y que
entre las muchas cosas que recibieron del Señor durante ese mes estaba la revelación de que algunos de los
espíritus territoriales más poderosos que dominan
Pasadena se hallaban centrados en el Ayuntamiento.
De modo que cierta noche reunieron a un equipo de 30
y fueron a la sede del Gobierno municipal a derribar las
fortalezas del enemigo.

No habían orado mucho cuando se dieron cuenta de
que se encontraban en un combate espiritual de alto
nivel. Y más tarde el contraataque se produjo.

Cuando Che llegó a casa aquella noche, sufrió el
ataque más fuerte de fiebre del heno que había experimentado desde que fuera niño. Sus hijos empezaron a
tener pesadillas cada noche en las que veían cosas
horribles, tales como gente que era decapitada, personas a las que se les arrancaban los miembros, y a su
padre siendo asesinado. Che Ahn explicó que, puesto
que no tienen televisión, no había forma de que sus
hijos hubieran sido programados mentalmente con
esas cosas en lo natural. Tenía que tratarse de una
programación espiritual.

Al hablar concordamos en que, probablemente, aunque la revelación había sido exacta, el momento de la
guerra pública no fue bien escogido. Tal vez no era el
kairos de Dios, o sea el tiempo estratégico para llevar a
cabo el combate.

En la vecina ciudad de Monrovia sucedió un inciden-te parecido por no escogerse bien el momento. En 1985, Leigh Jackson, una intercesora, había sentido la carga de comenzar un movimiento de oración por su ciudad, y en abril de 1988, después de otros encuentros de oración con éxito, Leigh convocó a los pastores de Monrovia a orar en las cámaras del concejo municipal del Ayuntamiento. Para su consternación, uno de los pastores usurpó el control de la reunión y guió la misma en una dirección distinta a la de la visión que ella había recibido. Siendo mujer, Leigh no sintió libertad para ejercer autoridad y hacer algo al respecto. El movimien-to de oración se detuvo.

Leigh volvió a intentarlo en 1989, terminando tam-bién en fiasco, hasta que a finales de 1990, recibió del Señor el momento exacto para hacerlo. Mientras escri-bo este libro, el movimiento de oración se está poniendo en marcha como ella esperaba.

Muchos de nosotros, tenemos la tendencia a ser impacientes y una vez que sabemos lo que hay que hacer, queremos actuar en seguida. Pero si vamos más aprisa que Dios, no contemos con tener acontecimien-tos significativos, ya que lo habremos hecho en la carne y no en el Espíritu.

8. Retórica vacía

Una de mis preocupaciones es que algunos que llegan a interesarse en la guerra espiritual a nivel estratégico lo hagan con poca sensatez y que su excesivo orar resulte en una retórica vacía, y que en vez de repeler a las fuerzas del enemigo estén sólo haciendo ruido.

Algunos autores en el campo de la oración de guerra comparten las oraciones que han utilizado y encontra-do eficaces. Se trata de buenas oraciones y no hay nada malo en usarlas una y otra vez. Los cristianos de tradiciones litúrgicas descubren el gran poder espiritual que puede liberarse utilizando las oraciones escritas por otros. No obstante, hay que reconocer el peligro que existe de que algunos creyentes no muy maduros caigan en la trampa de emplear las oraciones de otros como si fueran fórmulas mágicas: que piensen que con sólo decir las palabras correctas, y gritarlas lo bastante fuerte, Satanás quedará derrotado, o que si una oración determinada funciona para Dick Bernal, Tom White o Gwen Shaw, también valdrá para él.

No creo que la retórica vacía sea una de las trampas peores o más peligrosas. En la mayoría de los casos no pasa nada, ya que ni Dios ni los principados les prestan mucha atención. Cuando se ha hecho, todo permanece como estaba. Sin embargo, el peligro reside en que la persona que ora crea que algo se ha producido en los lugares celestiales y actúe basándose en esa suposición. El proclamar victoria cuando no la ha habido puede traer graves consecuencias. Esto es lo que intentaron hacer los jefes militares argentinos en la guerra de las Malvinas y como resultado traumatizaron sicológicamente en forma grave a toda la nación.

Cuando muchos cristianos serios y reflexivos ven la insensatez disfrazada de guerra espiritual en las iglesias o la televisión, rechazan todo el concepto. Ese es el punto en el que Satanás puede obtener una victoria por medio de la retórica vacía.

9. Actuar al descubierto
Si el leer un libro como éste le excita y quiere usted alistarse en el ejército de Dios para la guerra espiritual en el nivel estratégico, no lo haga nunca sin estar cubierto por sus superiores espirituales. Su pastor o los

ancianos de su iglesia son agentes de Dios encargados de velar por su bienestar espiritual. Sin esa cobertura es usted vulnerable y se expone a un fuerte ataque del enemigo.

Con esto no quiero decir, necesariamente, que su pastor tenga que unirse a usted en la batalla práctica, pero sí debe darle una bendición explícita de un modo u otro.

Para la mayoría de la gente éste es un principio sencillo de aplicar; sin embargo, para los dirigentes cristianos de más alto nivel la cuestión se hace más compleja. ¿Quién pastorea al pastor? Este ha sido un problema personal mío a lo largo de los años, ya que la iglesia a la que pertenezco es tan grande que quien ostenta el título de pastor principal está por lo general demasiado ocupado para atendernos pastoralmente a mí y a mi familia. Dios hizo que reparara en esto hace poco, cuando estaba leyendo las palabras de Johannes Facius: «Creo que cada uno de nosotros, incluyendo a los siervos de Dios, necesitamos un pastor». Y luego menciona el nombre de la persona que actúa como pastor suyo a pesar de vivir en un país distinto: Sven Nilsson, de Suecia.[8]

Doris y yo oramos al respecto y acordamos pedir a John Maxwell y a su esposa, Margaret, que consideraran su disponibilidad para llevar esa carga. Ellos accedieron gustosos y creo que nuestra relación durará mucho tiempo. Como pastor mío, John ahora me proporciona la cubierta y la autoridad espiritual que necesito para ejercer mi ministerio, aunque su iglesia, la Iglesia Wesleyana Horizonte, de San Diego, está a más de 160 kilómetros.

10. Actuar en solitario

No proyecte o intente librar solo la guerra espiritual en el nivel estratégico. Hágalo siempre en grupo. Jesús dijo que él estaría presente allí donde hubiera dos o tres reunidos. Esta es otra forma de decir que debería haber más de uno. «Si dos durmieren juntos, se calentarán mutuamente; mas ¿cómo se calentará uno solo?» (Eclesiastés 4.11).

Hace poco esto se me hizo evidente durante una conversación mantenida con Alfred H. Ells, un consejero matrimonial de Phoenix. Ells me dijo que en cierta ocasión, durante el tiempo de Navidad, iba por la ciudad en su automóvil y oyó por la radio que la ACLU[1] exigía que las autoridades municipales quitaran las decoraciones públicas conmemorativas de esas fechas. Aquello le puso furioso, y allí en el coche empezó a maldecir en alta voz al espíritu de esa organización. Inmediatamente tuvo la visión de un ser repugnante y sintió un golpe en el costado. Se volvió y dijo: «¿Qué es esto?» Y entonces recibió otro fuerte golpe, como un puñetazo, en la parte izquierda de la cara. El dolor fue terrible. Apenas podía abrir la boca. Una vez en la oficina, alguien le impuso las manos, oró por él y el dolor desapareció.

Más tarde, Alfred estaba orando en cuanto al asunto y dijo: «¿Qué pasa, Señor?» Dios le contestó: «¡Quién te ha mandado que hicieras eso!»

Mirando atrás comprendimos que Alfred había violado varios de los puntos de esta lista de trampas, uno de los cuales era no actuar solo.

COMO PUEDE FUNCIONAR LA ORACION DE GUERRA

Uno de los ejemplos de oración de guerra eficaz más espectaculares de la Biblia es el enfrentamiento de Elías con Baal. Baal era un espíritu territorial clásico: el principado que dominaba sobre los fenicios y los cananeos. No sé exactamente cuáles serían sus fronteras, pero sí que no tenía, por ejemplo, autoridad sobre China, Escandinavia, los indios de los Andes o los aborígenes australianos —todos los cuales existían en aquellos días.

Baal consiguió obtener la lealtad del rey Acab, el cual se casó con Jezabel, se convirtió al culto del ídolo y edificó un templo y un altar a aquel principado maligno.

Como consecuencia, Dios levantó a Elías para dirigir la guerra espiritual en el nivel estratégico, y podemos leer la historia en 1 Reyes 17-19. Elías no estaba luchando tanto contra carne y sangre (Jezabel y Acab), sino contra principados y potestades (Baal y sus fuerzas tenebrosas). El clímax de la historia es un espectacular choque de poder.

Como preparación para aquel combate, Elías proclamó públicamente que una sequía vendría sobre la tierra; sequía a través de la cual Dios sostuvo al profeta haciendo que los pájaros le llevaran comida y multiplicando los alimentos en casa de la viuda. El Señor, por otro lado, recordó a Elías su poder resucitando al hijo de aquella mujer.

Luego llegó el momento de Dios *(el kairos)* para que Baal fuera derrotado y la sequía terminara. Elías anunció que llovería y abiertamente desafio a Baal por medio del rey Acab. Lo que sucedió entonces es sobradamente conocido. Baal no pudo hacer descender del cielo el fuego que pedían sus sacerdotes, mientras que Dios sí lo hizo, incluso después de que se hubiera empapado con agua la leña.

Aquello supuso tal vergüenza pública que los 450 sacerdotes de Baal fueron ejecutados. Y una vez roto el poder de ese espíritu territorial, la lluvia cayó. Pero también se produjo el contraataque. Jezabel se enfureció por aquello, y Elías, debilitado por la lucha, huyó de ella. A pesar de que Dios envió a un ángel para que alimentara al profeta, éste pasó por un tiempo de fuerte depresión. Hasta que, finalmente, el Señor lo encontró y le habló con voz tranquila y suave diciéndole que todavía quedaban 7.000 seguidores de Jehová.

Un final glorioso
Dios le dio a Elías un final glorioso. El profeta,
- Ungió a un nuevo rey,
- Conoció a Eliseo, su sustituto,
- Fue llevado al cielo en un carro de fuego y, juntamente con Moisés, se le escogió de entre los personajes del pasado para reunirse con Jesús en el Monte de la Transfiguración. ¡Qué hermosa recompensa para aquel fiel guerrero!

Pero ¿dónde está en todo esto la *oración de guerra*? Nada en 1 de Reyes nos dice que Elías orara. Dios no quería dejarnos con la duda de si Elías había orado o no, de modo que nos informa a través de Santiago de que el arma espiritual más importante del profeta fue la misma que tenemos nosotros: la oración de guerra. «Elías era hombre sujeto a pasiones semejantes a las nuestras, y oró fervientemente para que no lloviese, y no llovió sobre la tierra por tres años y seis meses. Y otra vez oró, y el cielo dio lluvia, y la tierra produjo fruto» (Santiago 5.17, 18).

¿En qué contexto menciona Santiago esta oración? —la cual sabemos por 1 de Reyes que era una oración de guerra. El apóstol la utiliza como ilustración del principio: «La oración eficaz del justo puede mucho» (Santiago 5.16).

Este ejemplo bíblico demuestra que Dios ha estado llamando y llama todavía a su pueblo a la oración de guerra.

«El que tiene oído, oiga lo que el Espíritu dice a las iglesias» (Apocalipsis 2.7).

PREGUNTAS PARA REFLEXIONAR

1. ¿Por qué algunos cristianos tienen miedo de enfrentarse al mundo espiritual a pesar de que saben que Jesús está de su lado?

2. Si es tan importante que los dirigentes cristianos estén cubiertos por la intercesión para no convertirse en bajas, ¿por qué se utiliza tan poco esa intercesión?

3. ¿Cómo podemos estar seguros de que aquello por lo que estamos orando es la voluntad de Dios en un momento determinado?

4. Suponga que caemos en cualquiera de las trampas que hemos mencionado en este capítulo. ¿Prevalecerá siempre Dios o es real el peligro?

5. Ore con otros a su alrededor para que Dios les muestre a usted y a sus amigos, específicamente, qué pasos deberían dar para llevar a la práctica lo que ha aprendido leyendo este libro.

Notas

1. Floyd McClung, Seeing our Cities with the Eyes of God (Tarrytown, NY: Chosen Books, 1991), p. 18.
2. Ryck Joyner, "The Spiritual Meaning of the Persian Gulf War", The Morning Star Prophetic Bulletin, 15 de febrero de 1991, p. 1.
3. Johannes Facius, "Let God Be God", Intercessors for America Newsletter, marzo de 1991, p. 3. Esta reveladora e instructiva historia de Johannes Facius se cuenta en detalle en su libro God Can Do It Without Me! (Chichester, England, Sovereign World Books, 1990).
4. Ibid.
5. Ibid.
6. Wesley L. Duewel, Mighty Prevailing Prayer (Grand Rapids, MI: Francis Asbury Press de Zondervan Publishing House, 1990), p. 258.
7. Ibid., p. 260.
8. Facius, "Let God Be God", p. 3.
9. Unión Americana por las Libertades Civiles. Grupo humanista opuesto a los valores judeo-cristianos en la sociedad americana. N. del T.